Ludwig Burgdörfer
Schutzengel für Engel gesucht

Ludwig Burgdörfer

Schutzengel für Engel gesucht

Heiter-Nachdenkliches über Gott und die Welt

BRUNNEN
Verlag GmbH · Giessen

Mascha Kaléko, „Memento" aus: Verse für Zeitgenossen.
Erschienen im Rowohlt Taschenbuch Verlag, Reinbek bei
Hamburg, © 1975 Gisela Zoch-Westphal

2. Auflage 2016

© Brunnen Verlag Gießen 2011
www.brunnen-verlag.de
Umschlagfoto: Shutterstock, Photocase
Umschlaggestaltung: Sabine Schweda
Satz: DTP Brunnen
Druck: Books on Demand GmbH, Norderstedt
ISBN 978-3-7655-4131-5

Meinen Kindern
Stefan und Katja
gewidmet

Inhalt

Schutzengel für Engel

Vor wenigen Tagen warte ich in einem Blumenladen,
bis mein Strauß schön verpackt ist,
und da stehe ich plötzlich
vor einem Regal mit reduzierter Ware.
Und da seh ich ihn vor mir.
In seiner ganzen Schönheit.
Ein Engel aus Porzellan.
Schaut mich an und sagt:
Kauf mich!
Ich frage neugierig,
was der denn kostet,
und erhalte als Antwort:
Der sei billig,
weil –
der sei ja kaputt.
Und erst jetzt sehe ich
tatsächlich,
dass ihm ein Stück vom Flügel fehlt.

Auf der Heimfahrt schau ich ihn
immer wieder so von der Seite an
und denke:
Wie schnell doch so ein Engel an Wert verliert!
Leider hatte ich ihn im Auto nicht angeschnallt,
was bekanntlich nicht vorfallen soll,
jedenfalls vor der Ampel fällt er vor

und bricht sich dabei auch noch den Arm,
der arme.
Einen Schutzengel für den Engel
hätten wir da gebraucht.

Dermaßen schwer vom Leben gezeichnet
brachte ich ihn mit nach Hause,
wo er dann in einer langen Operation,
zumindest was den Arm betrifft,
wieder repariert worden ist.
Inzwischen habe ich viel von ihm gelernt.
Ich glaube nämlich,
dass Gottes irdische Engel,
die ihre Kinder auf Händen tragen .
und behüten wollen,
also diejenigen,
die für andere Schutz und Hilfe sein wollen,
dass die nicht unbedingt ganz ganz sein müssen,
ganz unbeschädigt,
ganz unversehrt.
Im Gegenteil:
Ich nehme inzwischen an,
dass Gott ganz gut solche Leute
zu Boten und hilfreichen Helfern macht,
die selbst eigene Gebrechen und Bruchlandungen
kennen.
Wer immerzu unversehrt
und schmerzfrei geblieben ist,

der kann auch gnadenlos erfolgreich
und ahnungslos glücklich sein
und doch ganz ohne Gespür für Verlust
und ohne Herz für Schmerz.
Ich glaube:
Gott braucht Engel
mit Macken und Zacken,
braucht Leute,
die wissen,
wie es ist mit Rissen und Wunden,
wie es sich anfühlt,
das liebe Leben,
wenn es ehrlich lebensgefährlich wird,
Wunden schlägt,
Schmerzen macht,
Angst und Bange auch.
Mein Engel mit dem Flügelschaden jedenfalls
ist mir zum wunderbaren Modellathleten geworden,
zum Zeichen für menschenfreundliche Helfershelfer,
die wissen,
woran es uns gebricht.
Und darum habe ich ihn bei der letzten Taufe
auch verschenkt.
Jetzt fliegt er wieder.

Das kleinste Dach der Welt

Wir sind ja Häusermenschen.
Schon als Kinder bauen wir gerne Häuschen und
Hütten,
sitzen gerne unterm Küchentisch und verstecken uns.
Wir sind von Hause aus gerne häuslich.
Wir wollen gerne wohnen, zu Hause sein,
wissen, wohin wir gehören.
Und wenn Sie heute Morgen aus dem Haus gehen,
dann verabschieden Sie sich doch in der Hoffnung,
dass Sie wieder nach Hause kommen
am Ende des Tages.
Auch wer den ganzen Tag aus dem Häuschen sein
wird,
will doch gerne am Abend wieder zu sich kommen,
heimfinden.
Wir sind darauf bedacht,
aufgehoben und beschützt zu leben.

Wissen Sie eigentlich, was das kleinste Dach der Welt
ist?
Die kleinste denkbare Schutzvorrichtung,
unter die wir uns flüchten,
nach der wir uns sehnen,
die uns Geborgenheit schenkt?
Es ist die Hand.
Nicht die eigene.

Es ist die Hand meiner Eltern,
die mich zuallererst aufgehoben und beschützt hat.
Dann sind es die Hände lieber Großeltern,
erster Freunde, guter Lehrer,
die ich von Anfang an gebraucht habe,
zum Essen und Trinken,
zum Lachen und Weinen,
zum Hinfallen und Aufstehen,
zum Streiten und Streicheln.
Viele Handlanger hatten alle Hände voll zu tun
mit mir,
damit ich wachsen konnte.

Wir alle sind das Ergebnis von ganz viel Handarbeit.
Auch schon bei der Taufe legte man uns die Hände auf
und segnete uns mit dem Haussegen Gottes, der sagt:
Wir sind Gottes Schätze,
über die von Anfang an
schützende Hände gehalten werden müssen,
damit wir nicht obdachlose Seelen werden.
Wir brauchen eine durchdachte Dachorganisation
für unser Leben.
Nestwärme, Unterschlupf
brauchen wir.
Wer das nicht bekommt,
wem das vorenthalten bleibt,
der hat es schwer auf der sehnenden Suche
nach Schutz und Halt.

Nur wem das kleinste Dach der Welt
geschenkt worden ist,
kann auch mutig werden und aus sich herausgehen,
vor seine Haustür treten
und „Hallo!" sagen.
Und wenn Sie sich derzeit arg unbehaust fühlen –
auch heute wartet womöglich ganz unverhofft
das kleinste Dach der Welt auf Sie,
um Sie zu schützen und zu bergen.
Gott schickt nämlich auch heute wieder
seine Handlanger
auf die Reise,
die streichelnd und segnend
schützen und schätzen,
winken und grüßen.
Also auf Handzeichen achten,
wenn wir einander begegnen!

Das größte Dach der Welt

Gott gibt unserer Zuflucht ein Zuhause!
Weil jeder Mensch ein Dach überm Kopf braucht.
Ohne Dach überm Kopf sind wir ohne Schutz,
ohne Sicherheit.
Und Gott gibt unserer Zuflucht ein Zuhause.
Das ist unser Menschenrecht,
ein unveräußerliches dazu.
Einen Ort, wo wir sein
und bleiben können,
gut aufgehoben sind,
aber nicht eingesperrt,
gern gesehen, geschützt, abgeschirmt auch.
Eine Insel, eine Oase, einen Rückzugsort.

Um das zu finden
und damit auch innere Ruhe und Rast,
müssen wir womöglich lange suchen.
Ja, es ist zwischendurch sogar notwendig,
dass wir vertraute Heimat hinter uns lassen,
um unserem Lebenslauf den nötigen Raum zu geben.
Spätestens seit damals,
als wir nur noch schwer zu Hause zu bändigen waren
und unseren Eltern so richtig heftig
aufs Dach gestiegen sind,
wissen wir Bescheid.
Wir mussten uns befreien,

heraus aus dem zu eng gewordenen Nest,
und das Elternhaus verlassen,
es sozusagen als Startrampe nutzen,
um unser ganz eigenes Leben
selber unter Dach und Fach zu bringen.

So manches Dach müssen wir erst mal verlassen,
um es dann aus der Entfernung wieder zu schätzen
und womöglich wieder aufzusuchen.

In der Bibel erzählt Jesus einmal
die Geschichte von einem Sohn,
der es zu Hause einfach nicht mehr aushält.
Obwohl er alles hat,
oder gerade deswegen,
bricht er aus, will er weg.
Und er lässt sich ausbezahlen
und wandert aus in die große weite Welt.
Er macht die typische Karriere eines Menschen,
der auszog, um das Fürchten zu lernen.
Er lebt wild und gefährlich,
wird dabei bald heimatlos und trostlos,
weil man lieblos mit ihm umgeht.
Und am Ende fragt er sich
mit Heimweh im Herzen,
ob es wohl für ihn noch einmal einen Rückweg gibt
unters Dach des Vaterhauses.
Und siehe da,

da kommt ihm der Vater auch schon
mit ausgestreckten Armen entgegen
und liebt ihn zurück.

Es gibt ein Dach,
ganz groß,
niemand geht darunter verloren,
weil es das Dach der Liebe Gottes ist.

Es ist so weit gespannt,
dass man sogar weglaufen
und wiederkommen kann.
Wenn Sie bei Gelegenheit
mal wieder einen Regenbogen sehen,
dann denken Sie dran:
Das größte Dach der Welt beugt sich über mein Leben
und gibt meiner Zuflucht ein Zuhause.

Raumplanung

Sind Sie schon mal umgezogen?
Haben Sie schon mal alles eingepackt,
um es dann woanders wieder auszupacken?
Umziehen ist eine spannende Sache.
Ich nenne es „die Vorstufe zum Jüngsten Gericht",
weil einfach alles drankommt,
weil alles angefasst werden muss,
weil alles zum Vorschein kommt,
was sich über Jahre hinweg angesammelt hat.

Und man muss sich fragen:
Was muss mit?
Wovon musst du dich verabschieden?
So ein Umzug hat was!
Da kann man Ballast abwerfen
und sich neu sortieren.
Aber es ist auch ganz schön anstrengend.
Das war schon beim allerersten Umzug so.
Als wir nämlich auf die Welt gekommen sind,
war das schon unser erster Umzugsstress.
Vorher im Mutterschoß
war's einigermaßen komfortabel,
relativ ruhig und gemütlich,
der Zimmerservice war perfekt
und kaum jemand hat uns gestört.
Hätte man uns damals gefragt,

ob wir denn das Lokal wechseln wollten,
gerne umziehen würden,
wir hätten wahrscheinlich dankend abgelehnt.
Aber wir wurden damals schon nicht gefragt,
und wir werden bis heute selten gefragt,
ob wir es denn wollen.
Also müssen wir flexibel sein.
Von Geburt an.
Einmal auf die Welt gekommen,
sind wir am Umziehen:
Elternhaus und Kinderzimmer,
Kindergarten,
das eine und das andere Schulhaus …
immerzu nur
rein und raus.
So manchen Raum haben wir schon
mehr oder weniger heiter durchschritten.
Da fragt man sich doch, wo das wohl enden wird.
Wie oft werden wir uns noch
an neue Räume gewöhnen müssen?
Die Bibel sagt dazu klar:
Wir haben hier auf dieser Welt keine bleibende Stadt,
sondern die zukünftige,
die suchen wir.
Unsere Lebensreise ist also eine Durchreise.
Wir sind im Unterwegs zu Hause.
Es rappelt ständig in der Umzugskiste.
Kaum haben wir die Bilder aufgehängt,

die Lampen installiert,
die Möbel schön verteilt,
in Keller und Speicher ordentlich für Chaos gesorgt,
da gehen wir schon wieder auf die Reise.
Und selbst wenn wir lange
an einem Basislager verbleiben dürfen,
unterschiedliche Stationen unseres Lebens gibt es doch.
Und wenn wir einmal sterben müssen,
dann wird das sicher ein letzter sensationeller Umzug
für uns alle sein.
Das glauben wir Christen jedenfalls.
Und wir glauben,
dass wir dann wirklich zur Ruhe kommen
und endlich sesshaft werden,
weil wir bleiben dürfen
im Hause Gottes, für immer.
Und bis dahin bleibt es
bei diesem packenden Leben.

Handlanger

Wissen Sie, was ein Handlanger ist?
Möchten Sie gerne so jemand sein?
Ich weiß, das klingt nicht so verlockend.
In meiner Kindheit auf dem Bauernhof
fiel mir bestimmt nicht zufällig
das Amt des Handlangers zu.
In meiner Erinnerung bin ich täglich
gefühlte hundert Kilometer
durchs Dorf und über den Hof geschickt worden,
hinüber zum Stall
und quer durch die Scheune
und hoch auf den Heuboden
und rüber in die Werkstatt
und raus in die Milchkammer.
Ob Garten oder Friedhof,
Feld oder Wald,
immerzu sollte ich mich bereithalten
und beistehen.
Was „Stand-by" bedeutet,
das wusste ich schon,
ehe es das gab.
Manchmal träume ich heute noch
von meiner tragenden Rolle
und wache dann mit einem Schraubenschlüssel
in der Hand auf
oder mit dem Metermaß,

das ich Vater bringen sollte,
hab für ihn Hammer und Nägel,
halte das Ölkännchen bereit,
hab einen Schubkarren vorm Bett stehen,
einen Kälberstrick unterm Arm
oder die Milchkannen rechts und links.
Ich habe immer noch das Gefühl,
meine Taschen seien voller Schrauben
und Muttern,
ich also
jederzeit bereit,
ein Handlanger zu sein.

Handlanger sein,
das ist eine anspruchsvolle Spezialistentätigkeit.
So war ich also jahrelang
als kleiner springender Punkt unterwegs
und ahnte damals noch nicht,
dass das einmal meine Lebensaufgabe ergeben sollte.
Handlanger bin ich nämlich geblieben.
Und ob Sie's glauben oder nicht,
Sie sind es im Grunde auch.
Handlanger des lieben Gottes nämlich.
Das mag in meinem speziellen Fall
eine hauptamtliche Beschäftigung sein,
in Ihrem Fall vielleicht eher eine neben-
oder ehrenamtliche.

Aber so groß
ist der Unterschied jetzt auch wieder nicht.
Gott hat nämlich schon
von langer Hand geplant,
dass wir alle
seine Handlanger
sein sollen.
Nicht weil er uns schikanieren möchte,
sondern weil er einfach sonst
nicht rumkommt.
Er hat ohnedies alle Hände voll zu tun
mit seiner erschöpften Schöpfung.
Und da braucht er zusätzlich unbedingt
Handlanger,
die sich nicht zu schade sind,
etwas beizutragen.

Von Anfang an hat er sich solche Leute gesucht.
Kaum ist die Welt auf der Welt,
da setzt Gott seine Menschen hinein,
dass sie sie bebauen und bewahren sollen.
Das sagt die Bibel gleich auf den ersten Seiten.
Wir Menschen sind also Gottes verlängerter Arm,
sollen aufhelfen, zupacken, anstoßen,
auch mal eingreifen, Hand anlegen
und vor allem: das richtige Werkzeug bereithalten.
Handlanger handeln ja immer im Team,
sie sind Glied einer Kette,

stehen im Zusammenhang eines Großen und
Ganzen.
Handlanger sind immer da,
wo sie gerade gebraucht werden.
Das macht sie so wertvoll.
Sie sind die Schlüsselfiguren,
auf die es ankommt.

Mauerfall

„Wer nicht an Wunder glaubt,
der ist kein Realist!"
Das hat Ben Gurion,
der Staatsgründer Israels,
einmal gesagt.

Das bedeutet:
Wunder sind absolut realistisch.
Mit ihnen muss man ernsthaft rechnen.
Und genau das beweist unsere jüngste
deutsche Geschichte
ja so eindrucksvoll.
Denn so ein unglaubliches, realistisches Wunder
ist ja 1989 mit dem Mauerfall passiert.
Und das war das Beste,
was uns Deutschen je eingefallen ist!
Kein Mensch hatte sich das wirklich realistisch
vorstellen können.
Und kein Mensch hätte sich träumen lassen,
dass es wirklich passiert –
und zwar genauso.
Nämlich ganz ohne Gewalt.
Ganz ohne Panik,
ohne den allzu menschlichen Kurzschluss
mit all seinen brutalen Seiten.

Nicht ein Schuss ist gefallen,
als die Mauer gefallen ist.
Die friedliche Revolution –
sie hat tatsächlich funktioniert.

Mit ganz vielen Gebeten.
„Mit meinem Gott kann ich über Mauern springen!",
sagt die Bibel.
Unter diesem Motto haben wir 1989
in meiner Kirchengemeinde einen Dankgottesdienst
gefeiert.
Vorher war ich nach Berlin gefahren
und hatte dort wie im Traum zugesehen,
wie sich die Leute ganze Stücke aus der Mauer
meißelten.
Die Mauerspechte.
Ich besorgte mir damals ein ziemlich großes Stück.
Nie werde ich vergessen, wie das war,
als dann während dieses Dankgottesdienstes
der große Mauerbrocken durch die Bänke gereicht
wurde,
von Hand zu Hand.
Wie wir im Gottesdienst das Souvenir der Freiheit
betastet, betrachtet, gewichtet haben,
wie wir das Unbegreifliche
langsam begriffen.
Scharfkantig war das Ding,
vorne bunt besprüht.

Schwer natürlich.

Es machte uns alle ganz still und nachdenklich.

Ein Stück der Mauer in unseren Händen,

ein sichtbares Zeichen dafür,

dass etwas überwunden worden war,

etwas, das sich 28 Jahre auf 168 km Länge

als so felsenfest und unverrückbar präsentiert hatte.

Der Stein des Abbruchs war ins Rollen gebracht.

Jetzt gab es kein Halten mehr.

Der Durchbruch war geschafft.

Ganz real!

Ganz wunderbar!

Und heute?

Noch immer liegen uns so viele Steine im Weg,

wenn wir zueinander kommen wollen.

Noch immer gibt es

so viele unsichtbare Grenzen zwischen Menschen,

so viele Barrieren unter uns.

Nicht nur zwischen Ost und West,

sondern lokal, global, überall.

Der Mauerfall macht mir heute noch Mut.

Er hilft mir, daran zu glauben:

Mit Gottes Hilfe können wir getrost weiterhin

fantastische Realisten sein.

„Wer nicht an Wunder glaubt, ist kein Realist!"

„Mit meinem Gott kann ich über Mauern springen."

Bis die Steinzeit endgültig vorbei ist.

Etwas wächst immer!

Die Frage ist doch, ob es sich rentiert.
Ich meine,
dass wir Tag für Tag wieder aufstehen,
frühstücken
und was anfangen miteinander.
Dass wir zuhören,
einkaufen,
Pläne machen,
uns Zeit nehmen
und die Kinder beglücken.
Ob sich das alles rentiert,
das ist doch die Frage.
Ob was dabei rauskommt.
Sieht es denn nicht öfters so aus,
als wäre alles umsonst?
Dass man sich einsetzt,
immer wieder,
dass man was drangibt
und trotz allem immer wieder aufsteht und loslegt.
Wenn es sich doch wenigstens lohnen würde,
am Ende irgendwie.
Jesus hat einmal dazu eine Geschichte erzählt
und die geht so:

Ein Sämann sät.
Das ist sein Job.

Und das macht er gut.
Er wirft sozusagen mit vollen Händen um sich
mit dem guten Saatgut.
Gut und schön.

Aber es kommen allerhand Komplikationen
dazwischen.
Es geht nämlich keineswegs alles auf,
es geht sogar jede Menge unter.
Es geht auffallend viel daneben.
Da gibt es nämlich Felsen,
auf denen wächst halt nichts.
Dornen und Gestrüpp,
die wachsen immer schneller,
Vögel picken's weg auf dem Weg,
und da, wo es zuerst so ausschaut,
dass es am besten klappt,
da klappt's bald zusammen,
weil es zu wenig Grund gibt,
und grundlos ist noch nie was passiert.
Mit anderen Worten:
Es gibt allerhand Ausfall.

Dann kommt die Ernte.
Und es stellt sich heraus,
dass es sich doch gelohnt hat.
Nicht überall zwar
und nicht an jedem Ort natürlich.

Aber auf dem guten Land,
da ist was gewachsen,
da gibt es Früchte,
unterschiedlich viel zwar auch dort,
aber am Ende doch allerhand.
Dabei hat es definitiv jede Menge Frust gegeben.
Jesus ist da ganz realistisch.
Wer sät,
muss auch wissen,
dass jede Menge
verloren geht.
Aber das soll uns nicht daran hindern,
mit vollen Händen und Herzen auszustreuen,
vorbehaltlos zu investieren.

Das Risiko ist einzugehen.
Missliche Bedingungen gibt es auf jedem Feld,
in jeder Beziehung,
in jeder Familie,
in jedem Verein,
in jeder Gemeinde,
an allen Orten.
Besonders in der Kirche!

Mach dich deshalb bloß nicht vom Acker!,
sagt Jesus.
Nur weil nicht alles wächst.
Denn es lohnt sich doch.

Es ist nicht alles umsonst.
Etwas wächst bestimmt.
Was wächst,
das ist und bleibt
ein göttliches Geheimnis.

Im Einklang

Wo spielt heute die Musik?
Für jeden von uns woanders, natürlich.
Alle müssen wir an unserem Platz sein
wie jeden Tag.

Da gab es in Hamburg ein Konzert.
Ich habe es zufällig im Fernsehen mitbekommen.
Brahms wurde gespielt.
Mitten in der Woche.
Mitten am Tag.
Dieses Konzert war total verrückt.
Das Orchester saß nämlich nicht zusammen
auf einer Bühne
oder in einem Orchestergraben, unsichtbar.
Nein, das Orchester war überhaupt nicht zusammen,
sondern in der ganzen Stadt verteilt.
Immer zwei, drei Leute
da und dort.
In der U-Bahn, am Fußballstadion,
in der Fußgängerzone,
auf der Straße,
an Ecken und Hecken,
Bäumen und Zäunen
quer durch die ganze Stadt.
Alle mit Knopf im Ohr,
vernetzt miteinander

spielten sie zusammen
und gleichzeitig allein.
Die Dirigentin war auf dem Michel platziert
und dirigierte,
die Partitur vor sich aufgeschlagen,
ebenfalls mit Knopf im Ohr,
wo alle Töne von überallher zusammenkamen –
und es klang tatsächlich,
es hörte sich an wie Musik.
Brahms als Puzzle fürs Ohr.
Unglaublich.
Unerhört.
Was für ein Experiment!

Eine Ausnahme natürlich.
So was geht normal gar nicht.
Und geprobt haben die dafür mehr
als für jedes andere Stück davor.
Geübt vor allem,
aufeinander zu hören,
sich aufeinander abzustimmen,
das eigene Instrument perfekt zu beherrschen
und gleichzeitig so aufmerksam wie nur möglich
für die anderen zu sein.

Sich selbst behaupten,
ohne die anderen zu übertönen,
und immer in dem Wissen,

dass das Ganze ein Ganzes ergeben soll,
dass nicht nur einer den Ton angibt,
sondern alle zu einem Klang,
zu einem Einklang kommen.
Die üben schon mal für den Himmel,
hab ich mir gedacht.

Vordergründig tönt auch jeder von uns
meist nur für sich.
Aber sang- und klangvoll
wird unser Zusammenleben erst,
wenn wir aufeinander hören,
wenn alle den richtigen Ton so treffen,
dass daraus Musik wird.
Nicht Lärm und Getöse,
sondern Harmonie und Melodie.

Was unter uns heute für eine Musik gespielt wird,
das hängt genau davon ab,
wie wir auf die Pauke hauen,
ob wir einander den Marsch blasen,
was wir anstimmen,
ob es immer dieselbe Leier ist
oder ob es uns gelingt,
dass es klingt,
als ob wir miteinander
im Einklang sind.

Gleiche Chancen für alle

Haben Sie's schon gehört?
Es muss bald niemand mehr sitzen bleiben!
Sitzenbleiben wird abgeschafft.
Vielleicht.
Hoffentlich.
Mal sehen …
Denn: Sitzenbleiben ist ja eine schlimme Sache.
Es bedeutet:
Zurückgeworfen werden,
auf das Versagen festgelegt,
mit dem Vorwurf,
nichts dazugelernt zu haben,
nicht genug jedenfalls.
Das ist bitter.
Wer das jemals erlebt hat,
vergisst es nie.
Muss es sozusagen ein Leben lang
auf sich sitzen lassen.

Aber jetzt ist vielleicht endlich Rettung in Sicht.
Die Kultusminister der Länder haben sich
zusammengesetzt,
um über das Sitzenbleiben zu beraten.
Das ist schon eine ganze Weile her.
Aber immerhin:
Sie haben wohl erkannt,

dass es Zeit wird,
es abzuschaffen.
In Japan, Finnland, England zum Beispiel
gibt es das schon lange nicht mehr.
Und da können bekanntlich die Menschen auch
ganz gut rechnen und schreiben,
sind lebenstüchtig und kommen voran.
Also macht man auch bei uns zaghafte Versuche.

In einigen Bundesländern hat man schon ein bisschen
Probesitzen gemacht.
Und siehe da:
Es kann funktionieren.
Man erkennt immer mehr,
dass man nicht im Gleichschritt lernen kann
und es darauf ankommt,
dass jedes Kind die Zeit bekommt,
die es braucht,
um dann den nächsten Schritt zu gehen.
Lernen sollen alle
schon möglichst viel,
aber möglichst so,
dass sie es in der für sie passenden Geschwindigkeit
schaffen.
Man wird sehen,
wie sich das entwickelt
und ob es sich durchsetzt,
gegen das Sitzenbleiben aufzustehen.

Das können aber die Kultusminister alleine
gar nicht schaffen.
Da sind wir alle gefragt.
Und das hat nicht nur was mit der Schule zu tun.

Da geht es vor allem auch darum,
wie wir miteinander umgehen,
wie sehr wir uns
und andere
auf das festlegen,
was gestern war.
Ob das Versagen
und das Scheitern in der Vergangenheit
uns so magisch anzieht,
dass wir nicht davon loskommen.
Und dass uns andere womöglich
immer wieder
auf das festlegen wollen,
was mangelhaft war
in der Vergangenheit.
Gar auf die alten Geschichten,
wo wir einander, uns selbst
und Gott
so allerhand schuldig geblieben sind.

Wir sollen
neu geerdet
in die Lage versetzt werden,

Neues zu lernen.
Wie wir Lehren ziehen und Grenzen überwinden.
Wie wir einander den Frieden erklären,
wie das geht,
dass wir miteinander
trotz aller unterschiedlicher Begabungen
innerhalb und außerhalb unserer Klassen
verträglich und menschenfreundlich sein können.

Nicht auszudenken,
was aus uns werden könnte,
wenn wir
landauf landab
damit anfangen würden,
in die Gesamtlebensschule zu gehen,
um unsere Begabungen
zum Glauben, Hoffen und Lieben
wiederzuentdecken.
Wohl wissend,
dass wir am Ende
alle
vor dem großen Lehrer im Himmel
stehen werden
und von ihm gefragt werden,
ob wir unsere Hausaufgaben
gemacht haben.

Die schreibt er uns
lehrplanmäßig ins Klassenbuch:
„Wir müssen
alle
offenbar werden
vor dem Richterstuhl Christi."

Wer will da noch länger
alles auf sich sitzen lassen?

Begrenzt zuständig

Kleiner Finger – ganze Hand!
So lautet das ehrlich gefährliche Motto
des Ehrenamtes.
Was seinen unwiderstehlichen Charme betrifft,
so hält sich ja hartnäckig das Gerücht,
dass man es nicht wieder loswird.
Einmal Ehrenamt, immer Ehrenamt.
In der Kirche ist es in der Tat oft so.
Wer da einmal
aus Versehen
dreimal hintereinander im Gottesdienst war,
muss damit rechnen,
beim Hinausgehen herzhaft angesprochen zu werden.
Die gut getarnte Formulierung heißt dann womöglich:
Wir laden Sie ein …
Und dann sind ahnungslose Leute
plötzlich mittendrin mitverantwortlich
für allerhand Handfestes,
zum Beispiel
den Kindergottesdienst,
die Krabbelgruppe,
den Seniorennachmittag,
die Geburtstagsbesuche,
den Gemeindebrief,
den Blumenschmuck,
den Glockenklang …

So fängt es an.

Und was uns da besonders
auszeichnet,
ist unsere hinlänglich bekannte Anhänglichkeit.
Ja, wir sind fest entschlossen,
die ehrenamtlichen Mitarbeiterinnen und Mitarbeiter
so unheimlich lieb zu haben,
dass denen dabei unheimlich wird.
Und dann trauen sie sich gar nicht erst,
anzufangen
mit einem Gedanken
ans Aufhören.
Wir schließen sie dann alle auch noch
ganz fest in unser Gebet ein
und lassen da
niemanden
so schnell wieder raus.

Christlich ist das nicht.
Und biblisch schon gar nicht.
Jeder Mensch hat das Recht,
etwas anzufangen,
um irgendwann wieder
damit aufzuhören.
Und das mit gutem Gewissen.
Musterbeispiel dafür ist
der barmherzige Samariter.

Die Geschichte ist weltberühmt.
Jesus hat sie erzählt,
als jemand ihn gefragt hat,
wer der Nächste sei,
der Nächste bitte,
den man lieben soll,
wie sich
und Gott
und so weiter.
Die Frage war und ist kompliziert.
Die Antwort von Jesus ist es gar nicht.
Die ist supereinfach und total verblüffend.
Der Samariter wird ja seit Generationen
als Musterbeispiel zitiert für den,
der alles gibt,
der sich aufopfert
und dem nichts zu viel ist.

Aber das steht so gar nicht da.
Jesus erzählt von dem lebensgefährlichen Leben,
wenn man zum Beispiel unterwegs ist
von Jerusalem nach Jericho.
Da kommt es vor,
dass man unter die Räder kommt,
den Räubern in die Hände fällt,
ausgeraubt und geschlagen wird.
Bis heute ist das so.
Überall in der Welt.

Jesus ist da ganz realistisch.
Noch realistischer ist er dann,
als er sagt,
dass ausgerechnet zwei fromme Leute,
die sozusagen zum Bodenpersonal
des lieben Gottes gehören,
kommen,
sehen, was Sache ist,
und einfach weitergehen.
Auch das passiert.

Und jetzt also kommt
der Modellathlet eines Ehrenamtlichen.
Es ist ein Mann aus Samarien,
ein ausländischer Zeitgenosse also,
andere Kultur,
andere Religion,
kurzum:
einer,
dem man nicht so recht trauen kann.
Und ausgerechnet der
zeigt jetzt, wie es geht,
wenn es gut geht.
Unser Ehrenamtsathlet
kommt vorbei,
sieht genau hin,
packt sofort zu,
versorgt, so gut er kann.

Er nimmt den Verletzten mit auf seinem Esel,
geht mit ihm seinen Weg weiter
und als er an einem Gasthaus vorbeikommt,
liefert er ihn dort ab.

Er ist realistisch
und rechnet deshalb mit allem,
auch damit,
dass die Sache Geld kostet
und dass das Geld,
das er dalässt,
womöglich nicht reicht.
Also verspricht er,
den Rest zu zahlen,
wenn er mal wieder zurückkommt.
Und dann
macht er wieder allein sein Ding.

Der Samariter bricht seine Reise nicht ab,
er adoptiert den Verletzten nicht,
er schult nicht um,
wird nicht zum Rettungssanitäter.
Er geht auch nicht ab sofort
einmal täglich zwischen Jericho und Jerusalem
hin und her,
um alle unter die Räuber Gefallenen dieser Welt
zu retten.
Das alles macht er nicht.

Er ist beeindruckend kurz angebunden,
begrenzt zuständig,
schnell fertig.
Ehrenamt im Vorübergehen,
das gibt es auch.
Und das ist aller Ehren wert!

Weltsprache Gottes

Beten ist die positivste Form von Globalisierung.
Das weiß ich spätestens seit meinem ersten Besuch
in Afrika.
Genauer gesagt in Ghana.
An meinem ersten Sonntag dort
war ich zu Gast in Kumasi,
der zweitgrößten Stadt
neben Accra.

Gottesdienste haben wir heftig gefeiert.
Um 9 Uhr haben wir angefangen,
um 14 Uhr aufgehört.
Am Anfang waren nur 20 Leute da.
Aber dann kamen immer mehr.
Zum Teil nach 2 Stunden Fußweg.
Und während schon mal gesungen
und getrommelt und getanzt wurde,
begrüßt und gebetet,
kamen immer mehr herein.
Bald waren es mehr als 300.

Und ich saß da,
als Gast,
und sie haben mir erklärt,
dass der Sonntag für sie der schönste Tag ist
und dass sie sich freuen darauf

und dass sie sich schön machen,
die hübschesten Kleider anziehen
und dass sie gerne kommen
und sich treffen
und singen und feiern.

Und da waren Kinder und Jugendliche,
da wurde gespielt und gerauft,
geflirtet und getuschelt,
da haben sich die Männer
zu wichtigen Fragen ausgetauscht
und die Frauen sowieso.
Es war Platz für alle und Raum,
um vorzukommen,
etwas zu singen,
zu sagen,
zu zeigen.

Und natürlich sollte ich auch was sagen.
Ich habe nach Worten gesucht.
In englischer Sprache
hatte ich zuvor noch nie gepredigt.
Aber irgendwie ging es dann doch.

Und schließlich sollte ich auch beten.
Und da habe ich noch mehr nach Vokabeln gesucht.
Da flüsterte mir meine ghanaische Begleiterin zu:
Beten kannst du ruhig auf Deutsch.

Dafür haben alle Verständnis.

Was war ich da erleichtert
und wie wohl habe ich mich da auf einmal gefühlt,
als ich mit meiner vertrauten Sprache beten konnte.
Und als ich dann mit dem *Vaterunser* begann,
da stimmten alle nacheinander mit ein,
in ihren Stammessprachen,
andere auf Englisch
und ich auf Deutsch –
und alle haben wir im selben Moment
Amen
gesagt.
Was für ein Phänomen,
was für ein Geschenk,
was für ein Gebet.
Das Vaterunser.
Kurz ist es,
klar ist es,
alles drin,
alles gesagt.

Gottes Gebet umspannt die Welt.
Wir sind global prayer!
Es erklingt in allen Sprachen
an allen Orten.

Vielleicht auch bei Ihnen.

Simplify your life

Vereinfache dein Leben.
Wenn das mal so ginge.
Einfach so …
Komplett kompliziert ist es doch, das Leben.
Und das hat Gründe.
Die stehen schon in der Bibel.
Da muss man gar nicht lange suchen.
Man kann vorne anfangen,
und schon fängt es an.
Gott macht es kompliziert mit seiner Schöpfung,
als er am Ende seines waghalsigen Schaffens
auf die unfassbare Idee kommt,
es wäre womöglich sinnvoll,
wenn es außer Tieren und Pflanzen
auch noch Menschen gäbe.
Und damit hört die Sache einfach auf,
einfach zu sein.

Wenn er sich noch hätte zurückhalten können
mit der Idee
und nur den Adam geschaffen hätte.
Dann wär's ja noch gegangen.
Aber er hatte ja die *Nimm-zwei*-Idee
und meinte,
dass es nicht gut sei,
wenn es den Menschen nur einfach gäbe,

zweifach will er ihn –
und damit war's schon aus und vorbei
mit simplify!

Noch nicht einmal im Paradies ist es gut gegangen.
Sie machen es sich nicht einfach,
die Zweifachen,
und überschreiten ihre Grenzen
und wollen mehr, als sie dürfen,
und bringen sich um alles.
Und als Gott fragt,
da will's wieder niemand gewesen sein,
keiner hat Schuld,
jeder ist einfach unschuldig.
Und so geht es weiter
jenseits von Eden
bis heute.

Wenn's nur nach mir ginge,
also, wenn es nur mich gäbe,
sagen die Leute jeder für sich,
also, dann wär's ganz einfach.
Aber die vielen anderen,
die so anders sind,
die machen die Sache so schwierig.

Wer sagt, die Sache mit Gott
und der Glaube sei einfach,
der lügt.
Das einfache Evangelium gibt es nicht.
Gott ist nicht einfach.
Er ist sogar dreifach!
Vater, Sohn und Heiliger Geist.
Dreimal hoch
und heilig!
Wer versteht das einfach so?
Damit zerbrechen wir uns den Kopf,
da ist Kopfrechnen nichts dagegen.
Schöpfer, Versöhner, Tröster, sagen die Theologen
und meinen, damit wär's einfacher.
Denkste!
Es bleibt ein Rätsel,
ein Geheimnis,
ein Mysterium
um und um.

Wie kann das Leben also einfach sein,
wenn ich es nicht bin
und Gott es auch nicht ist?

Meiner Meinung nach müsste es
als ein Straftatbestand
mit Gefängnis geahndet werden,
wenn einer daherkommt und auf irgendeine Frage,

die ich frage, sagt:
„Ach, das ist doch ganz einfach!"

Wenn zum Beispiel
jemand ganz neu anfängt
mit dem PC
oder dem Autofahren,
mit Tanzen
oder Küssen,
mit dem Kuchenbacken
oder SMS-Verschicken
oder Übers-Wasser-Schwimmen
oder gar mit Beten –
dann ist das alles andere als
einfach einfach.
Nichts ist einfach,
aber es ist womöglich
möglich.

Jesus möchte uns das komplizierte Leben
so einfach wie möglich machen.
Er fordert uns auf,
eindeutig zu sein,
entschlossen,
klar,
und uns zu entscheiden:
Für den *einen* Tag – heute.
Für die *eine* Antwort – Ja oder Nein.

Für das *eine* Gebot – Liebe!
Für das *eine* Gebet – Vaterunser.
Für das *eine und ewige* Leben
vor und nach dem Tod.

So einfach ist das
also doch …

Personalfindung

Haben Sie auch ein Ehrenamt?
Mindestens eins?
Wenn ja,
dann gehören Sie
zu einer ganz besonders wertvollen Sorte.
Nämlich zu den Leuten,
ohne die gar nichts geht.
Kein Verein,
keine Partei,
kein Chor,
keine Gruppe,
keine Kirche,
keine Gesellschaft
nichts könnte existieren
ohne *Sie*!
Das Ehrenamt ist die Grundlage
unseres Zusammenlebens.
Darum werden auch weiterhin
immer und überall
Leute
wie Sie
ganz dringend gesucht.

Und Gott
braucht solche Leute auch.
Schon immer!

Von Anfang an
ist er auf der Suche
nach Ehrenamtlichen.
Die zu finden,
ist auch für ihn ein echtes Problem.
Weil in der Regel
kein Mensch
nur so dasitzt
und darauf wartet,
dass der liebe Gott vorbeikommt
und einen Auftrag für ihn hat.

Wir sind alle so sehr
mit uns selbst beschäftigt und darum
voll ausgelastet.
Alle haben wir mit unserem Alltag gut zu tun.

So auch – vor Zeiten – der große Mose.
Die Bibel erzählt,
dass er es längst
zu was Anständigem gebracht hat.
Er ist nämlich
hauptberuflich Schwiegersohn
und also damit beschäftigt,
die Schafe seines Schwiegervaters zu hüten
und damit seine ins Trockene
zu bringen.
Das füllt ihn völlig aus.

Und da kommt aus heiterem Himmel
Gott selbst
auf ihn zu,
völlig unverhofft natürlich,
wie es so seine Art ist.
Hallo Mose!,
sagt er.
Ich hätt da einen Auftrag für dich.
Schau her,
ich bräuchte mal schnell
einen ehrenamtlichen Helden
und da habe ich an dich gedacht.
Komm und befreie doch mein Volk,
du weißt ja,
wie es unter dem Pharao schikaniert
und ausgebeutet wird.
Damit muss endlich Schluss sein.
Lass alles stehen und liegen,
sei so gut
und bring die Sache
mal eben
für mich
in Ordnung.
Das muss dir doch
eine Ehre sein …

Mose, nicht schlecht erstaunt,
schüttelt nur mit dem Kopf

und verspürt
nicht die geringste Lust auf dieses Amt,
bei aller Ehre.
Und darum fängt er an,
allerhand Fragen zu stellen,
nur um Gott loszuwerden.

Wer bin ich denn, dass ich so was mache?
Such dir doch einen anderen Dummen dafür!
Und überhaupt:
Wer bist du denn eigentlich?
Wie ist dein Name?
Ach Gott!
Ich kann das nicht!
Und ich will das nicht!
Ehrenamt hin oder her –
es ist zu schwer!

Aber Gott lässt sich
einfach nicht abwimmeln.
Und als der große kleinmütige Mose
seinen letzten Trumpf
aus dem Ärmel zieht,
mit dem er seine Untauglichkeit für diesen Job
nachweisen will,
da hat er sich endgültig verzockt.
Ich kann doch gar nicht gut reden!,
sagt er

und meint,
dass er gar nicht weiß,
was er dem bösen Pharao
sagen soll.
Da klatscht der liebe Gott in die Hände und sagt:
Macht nichts!
Nicht schlimm,
wenn du das nicht kannst!
Ich kenne einen,
der kann's
und der will's
und der kommt mit.
Und da kommt er schon:
Bitteschön,
das ist Herr Aaron!
Ab sofort seid ihr zu zweit:
Du trägst die Verantwortung
und der Aaron trägt die Anliegen vor.

Womit bewiesen wäre:
Das Ehrenamt
ist von Anfang an
so gemacht,
das man es
erstens
nicht loswird
und dass man es
zweitens

ganz schnell
allein nicht schafft.

Ein Ehrenamtlicher allein
kann's um Gottes willen
nicht sein.
Also sehen wir zu,
dass wir Aaron finden.

Beten und Atmen

Beten und Atmen.
Das hat ganz viel miteinander zu tun.
Haben Sie schon gewusst?
Ja, beten ist eine Art
zu atmen.
Es gibt Gebete,
die sind so formuliert,
dass man mit ihnen einatmen
und dann ausatmen kann.
Und das Vaterunser,
habe ich erfahren,
das ist regelrecht zum Beatmen geeignet.

Ich habe einen Krankenbesuch gemacht.
Bei einer Frau aus der Gemeinde.
Sie war wegen schwerem Asthma im Krankenhaus.
Und jetzt stand ich da
bei ihr am Bett.
Wir unterhielten uns.
Es war schwer für sie.
Sie hatte wenig Luft,
aber sie freute sich.
Und das zeigte sie mir auch.
Dann aber plötzlich
ein Krampf,
sie verfärbte sich,

es war plötzlich so,
als müsste sie auf der Stelle ersticken.
Ich erschrak,
drückte den Knopf,
um Hilfe zu rufen,
und war völlig ratlos.

Da stand die Nachbarin
aus dem Bett neben ihr auf,
kam rüber,
legte den Arm um sie,
hob sie etwas auf und fing an,
ich wollte es kaum glauben,
fing tatsächlich an
zu beten:
„Vater unser im Himmel",
dann machte sie eine Pause,
„geheiligt werde dein Name",
wieder eine Pause.
„Dein Reich komme",
und wieder kurze Stille,
und so betete sie
in ganz großer,
zärtlicher Ruhe und Gelassenheit
dieses wunderbare Gebet,
das ich schon so unzählige Male gebetet hatte
und doch so noch nie,
nämlich:

als Erste Hilfe,
als Atemspender,
als Entspannungsübung,
als Beruhigungsdosis,
als Streicheleinheit,
als Einfindung
in eine ganz große Gelassenheit.

Als die Tür aufging
und die Schwester kam,
um zu helfen,
da war das Schlimmste schon wieder vorbei.

Gerade hatten die beiden Frauen
die letzten Zeilen des Vaterunsers
zusammen gebetet
und Amen gesagt,
gerade hatte sich so etwas wie
ein erlösendes, beruhigtes
„Ist wieder gut!"
eingestellt.

„Wie haben Sie das denn gemacht?"
„Wir haben zusammen das Vaterunser gebetet.
Das hilft.
Stimmt's, Herr Pfarrer?",
hat sie dann noch gesagt.
Und ich stand da,

wie man eben so dasteht,
wenn man schwankt
zwischen beschämter Verlegenheit
und sprachlosem Staunen.
Seitdem weiß ich,
dass Beten
wie Atmen sein kann.
Und dass Atmen ein Beten ist.
Und so gesehen ist das schon eine große Sache,
wie es am Anfang der Schöpfung in der Bibel heißt,
dass Gott selbst dem Menschen
seinen Odem einhaucht.
Odem, Atem, Lebenshauch.
Wir atmen Gott,
seinen Odem
atmen wir
ein und aus
und beten
frische Luft,
frische Lust
ins Leben.
Wer betet,
macht Luftsprünge –
himmelhohe.

Waschzwang

Wer macht sich schon gerne die Hände schmutzig?
Auch und gerade
wenn er
seine Hände im Spiel gehabt hat.
Hand drauf:
Damit hab ich nichts zu tun!
Hand aufs Herz:
Dafür kann ich nichts!
Das hab ich nicht in der Hand gehabt.
Das ist nicht meine Schuld!
Ich wasche meine Hände in Unschuld!
So lange,
bis ich super sauber sicher bin,
so lange wird eingeseift.

Hygiene ist wichtig!
Immer schön sauber bleiben!
Ordnung und Sauberkeit –
darauf kommt es an.
Und: Für alle, die was handhaben,
ist Händewaschen unverzichtbar!
Das schützt die Gesundheit!
Weil nichts hängen bleibt
vom Schmutz.
Gesundheitsexperten sagen das.
Händewaschen ist ein Stück Kultur.

Manche Kulturen haben so viel Kultur nur,
dass sie in einen einzigen Beutel passt.
Aber immerhin.
Wohl dem, der wenigstens einen Kultur-Beutel hat.
So viel Kultur muss sein.

Ich wasche meine Hände in Unschuld!
Das dauert ja nicht lange.
Experten sagen:
30 Sekunden, halbe Minute.
Über kurz oder lang wird es auch noch schneller gehen.
Aber vorerst: noch 30 Sekunden
Wasser, Seife, Handtuch.
Beim internationalen Tag des Händewaschens,
am 15. Oktober ist das,
falls Sie's nicht wussten,
da hat man das bekannt gegeben.

Übrigens:
Psychologen haben das Verhalten
von Männern und Frauen untersucht,
auf Autobahnraststätten.
Und was ist rausgekommen,
hygienemäßig?
Die meisten waschen sich die Hände nicht.
Es sei denn, sie fühlen sich beobachtet.
Oder wenn man ihnen ein schlechtes Gewissen macht
mit Plakaten und Bildern,

wenn da zum Beispiel über der Tür ein Schild hängt,
auf dem steht:
Ob sich wohl der Typ neben mir die Hände wäscht?
Dann waschen sich alle ganz doll.
Psychologen lügen nicht,
wenn sie daraus schließen,
dass bei Scham und Scheu
und schlechtem Gewissen
der Mensch zum Händewaschen neigt.

Und damit wären wir schon bei Pilatus
und seiner Körperpflege:
Mit allen Wassern gewaschen,
in der Handhabung der Macht geübt,
regiert er mit ruhiger Hand
mehr schlecht als recht,
bis er die Sache mit Jesus regeln soll.
Das kriegt er nicht in den Griff.
Er will nicht mitspielen
bei diesem durchschaubaren, schändlichen Spiel
und hat es doch nicht in der Hand.

Und als er schließlich zum Spielball
der Gegner von Jesus geworden ist,
da greift er zur Psychohygiene
und zur Waschschüssel
und demonstriert öffentlich in 30 Sekunden,
dass er sich bei diesem Theater

die Hände nicht schmutzig machen will.
Ich wasche meine Hände in Unschuld!
Ich kann nichts dafür!

So ist es,
wenn man zwischen allen Stühlen
auf einem Thron sitzt.
Sachzwänge!, sagen sie heute.
Umständliche Umstände!
Handlungsbedarf.
Eigendynamik.
Nicht zu stoppen.
Nicht eine Handbreit der Spielraum.
Alles geht den Mächtigen flott von der Hand.
Sie kennen sich aus,
sind geschickt im Taktieren,
wechseln die Gesichter im Handumdrehen.
Und außerdem gilt die ewige Regel
aus dem Handbuch der Handlanger,
die da heißt:
Eine Hand wäscht die andere.
Und das heißt in diesem Falle:
Pilatus gibt nach
und das Volk gibt Ruhe.
So ist es mit der Hygiene
bis heute.

Es reichen die Schüsseln gar nicht

für alle Schussel,
die sich die Hände reiben.
Der Wasserverbrauch ist seit Pilatus stetig gestiegen.
Und doch bleibt etwas hängen
an den vielen frisch gewaschenen Händen,
und doch sind die Fingerabdrücke der Macht
auf den Seelen der Ohnmächtigen spürbar.
Auch wer so tut,
als könnte er kein Wässerchen trüben,
wirklich reinwaschen von aller Schuld und Schuldigkeit
kann sich niemand.

Es wird am Ende nur das Blut des Lammes sein,
das Blut Jesu Christi,
das uns rein wäscht.
Der einzige Waschgang
mit wirklich befreiender Wirkung
und dem Ende aller dunklen Flecken
ist der Gang von Jesus ans Kreuz.

Es wird am Ende nur das Wasser der Taufe sein,
das uns zu waschechten unschuldigen Schuldigen
macht.

Von Pontius bis Pilatus.

Um was es sich dreht

Windräder sind was Feines.
Ich meine die kleinen,
die man so in die Erde stecken kann
oder auch in der Hand tragen.
Solche Wunderwerke sind wunderbar.
Sie sind sensible Instrumente.
Man kann mit ihnen sogar messen,
wo und wie viel Pfingsten ist.
Also ich meine,
man kann damit feststellen,
ob und woher der Wind weht.
An Pfingsten soll das ja bekanntlich der Fall sein.
Zumindest gewesen sein.
Damals in Jerusalem.
Mir fällt allerdings auf,
dass dieses Ereignis offenkundig
open air
unter freiem Himmel
draußen vor der Tür
stattgefunden hat.
Jedenfalls nicht im Saale.
Das hat wohl viel damit zu tun,
dass sich in geschlossenen Räumen
nicht so viel frischer Wind messen lässt.
Wenn man das Gerät dort hochhält,
dann tut es sich schwer.

Da dreht es sich,
wie es scheint,
um nichts.
Höchstens,
es kommen Leute herein,
die mächtig viel Wind machen.
Halten dagegen alle
bloß den Atem an
oder bleibt den Leuten sogar
regelrecht die Luft weg,
dann bewegt sich das Pfingstrad
grad überhaupt gar nicht.

Womöglich bräuchte es gar nicht viel,
und schon würde es rundgehen bei uns.
Es würde vielleicht schon reichen,
wenn die Leute wenigstens auf etwas pfeifen würden,
oder meinetwegen sollen sie herzhaft seufzen.
So ganz tief
von unten heraus.

Aber so richtig Zug dahinter
kommt, glaube ich,
erst wieder,
wenn wir aus uns herausgehen,
die Insider-VIP-Kuschelecken räumen
und wie damals
unter freiem Himmel

die Nase in den Wind halten.
Immer, wenn wir das bisher gemacht haben,
hat sich das Pfingstrad wieder schneller gedreht.
Sobald man hinaus vor die Kirchentür tritt,
ins Freie sozusagen,
unter die Leute.

Gut,
da bläst einem mitunter
ein rauer Gegenwind
ins Gesicht.
Aber immerhin,
es dreht sich dann wenigstens
endlich wieder
um was.
Rede und Antwort.

Die der Geist Gottes treibt,
die sind Gottes Kinder,
sagt Paulus,
der sich bekanntlich
seinerseits ebenfalls
auf das Windmachen
bestens verstand.

Wenn es endlich aufhören soll,
dass wir uns immerzu nur noch
um uns selber drehen,

dann muss uns der Heilige Geist
ziemlich kräftig
zum Tempel hinaustreiben.
Wenn es mit unseren Kirchen
drinnen und draußen
endlich wieder rund und bunt laufen soll,
wir munter mit Wunder
und heiter weiter
glauben,
dann nur, wenn der gute Geist uns
in Schwung bringt,
wie das Windrad,
das Pfingstrad.

Das ist dann
wirklich
eine luftfrische Erfahrung,
die uns,
die wir so außer Puste
geraten sind,
wieder Lust kriegen lässt
und wir alsbald
völlig losgelöst
erlöste,
begeisterte
Luftsprünge
machen
bis in den Himmel.

Strategie für den Stau

Stehen Sie auch so oft
im Stau?
In letzter Zeit passiert es mir immer öfter.
Und zwar immer dann,
wenn ich unter Zeitdruck stehe.
Das ist dermaßen lästig
und kostet unglaublich Nerven.
Dabei:
Es ist ja nicht weiter verwunderlich,
dass es so oft zum Stau kommt.
Gibt es doch immer Hunderte von Baustellen
auf unseren Autobahnen.

Das Leben ist doch eigentlich zu kurz,
um unnötig lange
im Stau zu stehen – oder?
Ich habe deshalb ganz schlau
eine Strategie für den Stau.

Damit ich mich nicht länger
über diese verlorene Zeit ärgern muss,
habe ich jetzt angefangen,
im Stau
zu beten.
Nicht,
dass er sich jetzt

augenblicklich auflösen möge,
sondern ich habe angefangen,
meinen ganz privaten Stau
in Sachen Bitten und Danken
abzuarbeiten.
Und da habe ich gut zu tun.

Mir ist aufgefallen,
dass es da
so viele Baustellen bei mir gibt,
auf dem Weg zwischen mir
und anderen Menschen,
Baustellen,
wo ich mit allerhand umständlichen Umständen
zu kämpfen habe,
weil es schwierige Verhältnisse und Beziehungen
zu klären gilt.
Und das staut sich,
stellt sich quer,
macht's mir schwer.

Und dann gibt es natürlich auch
eine ganze Menge Wunderbares,
was gelingt,
was schön ist,
Spaß macht,
und ich komme einfach nicht dazu,
mich darüber zu freuen

und dafür auch einmal
dankbar zu sein.
Auch darum kümmere ich mich jetzt
im Stau.
Ich nutze die vermeintlich sinnlose Zeit
zur Konferenz mit Gott
in ausgesprochen ungestörter Atmosphäre.

Natürlich muss ich dabei sehr aufpassen,
dass mir nicht entgeht,
wenn's endlich weitergeht.
Aber der bisherige Erfolg meines Selbstversuchs ist:
Ich bin bis jetzt noch niemandem
betend in den Kofferraum gefahren.
Und was das Beste ist:
Ich bin nach dem Stau
nicht mehr so schlecht gelaunt
wie früher.
Also, ich kann Ihnen das wirklich empfehlen,
das Beten im Stau.

Übrigens:
Die Hände können Sie dabei
ruhig am Steuer lassen.

Gefährdung im Ehrenamt

Das Ehrenamt ist gefährlich!
Ehrlich!
Man kann dabei ganz und gar untergehen,
ohne es selbst richtig zu merken.

Mose zum Beispiel
ist der große Ehrenamtliche Gottes.
Die Bibel erzählt,
wie er das geworden ist.
Wider Willen nämlich.
Mose kann ein Lied davon singen,
wie gefährlich ein gottgegebenes Ehrenamt
sein kann.
Kaum hat er sich richtig eingearbeitet
in diese schwierige Aufgabe –
er soll ja sein ganzes Volk organisieren und lenken –,
da kommt er im ganz normalen Wahnsinn des Alltags
ziemlich in Bedrängnis.
Und hätte er nicht Besuch
von seinem Schwiegervater Jitro bekommen,
der ihm mal kritisch auf die Finger schaute,
er wäre gewiss mitsamt seinem Ehrenamt
kläglich gescheitert.

Jitro jedenfalls
schaut seinem Schwiegersohn

einen Tag lang zu.
Und was er da sieht,
das kann er nicht begreifen.
Da stehen die Leute Schlange,
einer hinter dem anderen,
so weit das Auge reicht,
und alle warten sie darauf,
dass sie drankommen,
dass sie an Mose rankommen,
um ihre Anliegen,
ihren Streit,
ihre Sorgen mit ihm zu besprechen.
Es war wie bei einem Ämtergang heute:
Es dauert ewig.
Am Abend sind alle völlig fertig.
Und Mose natürlich auch.
Aber anstatt ihn zu bedauern,
fragt ihn der Schwiegervater kritisch:
Was machst du eigentlich da
den ganzen Tag
mit den armen Leuten?
Und Mose murmelt
mit letzter Kraft,
dass er halt in Gottes Namen
Recht sprechen muss
und regeln
und entscheiden
und abwimmeln

und besänftigen
und schlichten.
So richtet der Richter
sich selbst und die anderen
zugrunde!,
lautet das verheerende Urteil des Schwiegervaters.
So ist das –
wenn einer alles macht,
macht er sich selbst und alle anderen
damit alle!

Jitro ordnet darum Überlebensregeln an.
Überlebensregeln für Ehrenamtliche,
brauchbar bis heute:
Sieh dich unter dem Volk nach redlichen Leuten um,
die setze ein als Oberste
über tausend,
über hundert,
über fünfzig,
über zehn,
dass sie das Volk allezeit richten.
Nur wenn es eine große Sache ist,
sollen sie diese vor dich bringen.
So mach dir's leichter
und lass sie mit dir tragen.

Steht so
in der Bibel.

Lange bevor die damals
etwas gehört haben
von Zeitmanagement,
Unternehmensoptimierung,
Subsidiarität,
Qualitätsmanagement
und Coaching.
Da hat
die Bibel das alles bereits
auf- und abgearbeitet.
Delegieren statt ruinieren
und allein regieren.

Also nehmen wir uns
ein Beispiel an Mose,
damit sich bei uns
niemand so furchtbar
anstellen
muss.

Heiliger Zorn und gute Güte

Bußpredigten gibt es kaum.
Sie werden nicht gerne genommen.
Wir haben es uns völlig abgewöhnt,
dass der christliche Glaube tatsächlich
eine todernste Angelegenheit ist,
bei dem es um was geht,
um viel geht,
um alles geht,
um Gott.
Sein
oder nicht Sein sein –
das ist hier die Frage.

Komm, sei so lieb, sagen wir zu ihm
und lassen den lieben Gott
einen guten Mann sein.
Verniedlicht
bringen wir ihn zum Schleuderpreis
auf den Markt der unmöglichen Möglichkeiten,
betörend harmlos
und kuschelweich,
um ihn auf Ewigkeit
harmlos loszuwerden.

Dass uns die Bibel von einem Gott berichtet,
der ein gewaltiger Schöpfer ist,

ein zorniger Herr, unser Herrscher,
ein eifersüchtiger Liebhaber seiner Menschen,
ein gewaltiger Dreinschläger,
der die Mächtigen von ihrem Thron stoßen kann,
dass es in seiner Nähe unerträglich und unheimlich
ist,
dass man wie Mose heiße Füße kriegt
und es einem die Schuhe auszieht,
dass es immerzu,
wenn Menschen eine Gottesnähe erfahren,
zuerst heißt:
Fürchtet euch nicht!,
selbst wenn es eine große Freude auszurichten gilt –
das alles haben wir ausgeblendet.
Keine Angst,
es wird schon nicht so schlimm werden,
der liebe Gott ist einfach nur lieb,
betörend harmlos,
so was von egal.
Der tut nix!

Wir haben viele schon in den Unschuldsschlaf
gesäuselt,
haben Gott zur Nullnummer gemacht,
der völlig ohne Ansprüche froh ist,
wenn man ihn in Ruhe lässt
und er im Himmel auf und ab gehen kann,
sich mit den wenigen Freunden zum Manna trifft

und mit seinem Sohn
über himmelweite Unterschiede debattiert.

Irren ist menschlich –
und womöglich waren wir noch nie
so menschlich
wie heute.
Da haben wir all die Jahre
ohne Furcht und Zittern
einfach den lieben Gott
auf seine Großherzigkeit
gnadenlos
festgelegt.
Was seine Nachsicht betrifft,
keine Rücksicht genommen,
ständig das Sündenkonto überzogen
und einfach vorausgesetzt,
dass er's schon richten wird,
ohne zu richten,
dass er uns alles nachsieht,
ohne genau hinzusehen,
dass er am Ende doch eben
gar nicht anders kann,
als uns,
du meine gute Güte,
gnädig zu sein.

Die Menschen haben
ein unveräußerliches Recht
auf Furcht und Zittern.

Furcht und Zittern,
Respekt und Achtung,
das sind uns angeborene Talente,
um uns zu spüren
und um zu spuren.
Nachdem wir aber den lieben Gott
so belanglos kleingeredet haben,
rechnet kein Mensch mehr damit,
ihm morgen
im Treppenhaus
oder um die Ecke
zu begegnen –
und schon gar nicht
im Jüngsten Gericht.

Dabei wissen doch alle:
Du kannst dich nicht
selbst entschuldigen!
So im Vorübergehen,
wie man mal eben:
Tschuldigung!, sagt,
um die Sache vom Tisch zu haben.
Schuldigwerden
und Schuldigbleiben,

das sind Zustände,
für die wir nicht alleine zuständig sind.
Es gibt nur einen Richterstuhl –
und der ist besetzt von Gott.
Himmelangst
könnte es uns dabei schon
ein bisschen werden.

Das wäre allemal besser,
als immerzu nur
einen Heidenspaß
zu haben.

Ausgetragen

Wissen Sie,
wer Gottes größte
ehrenamtliche Mitarbeiterin war?
Welche Frau
wie keine zweite
Gott zugearbeitet hat
und ihm im wahrsten Sinne des Wortes
mit Leibeskräften
zur Verfügung stand?

Es ist Maria,
die Mutter Jesu.
Man muss nicht katholisch sein,
um das zu erkennen
und zu würdigen.

Maria ist
die ganz unvergleichliche Ehrenamtliche Gottes.
Mehr Ehre kann es gar nicht geben
und ein schwierigeres Amt
wohl auch nicht.
Ihr wird in der Tat
ganz Unglaubliches zu glauben
zugemutet:
Denn sie kommt ja
wie die Jungfrau

zum Kind.
Gott macht sie
zur ersten Leihmutter
der Weltgeschichte.
Sie soll sich bereithalten
und ein Kind austragen,
das Gottes Kommen
auf wunderbare Weise verkörpert.
Gott kommt auf die Welt.
Und er wächst in ihrem Bauch.
Jesus wird zum einzigen Bild,
das wir von Gott haben.
Und dafür hat er Maria ausgesucht.
Großes Ansehen genießt sie bei Gott,
sagt die Bibel.

Und wenn Gott jemanden liebevoll ansieht,
dann kommt in ihm meistens
etwas ganz Wunderbares auf die Welt.
Etwas mit Hand und Fuß sogar.
Bei Maria stimmt das
im wahrsten Sinne des Wortes.
Niemand ist Gottes Handeln jemals
so nahe gewesen,
hat es körperlich
so direkt erlebt,
gespürt,
ausgetragen,

ertragen,
mitgetragen
wie Maria.
Niemand kann von sich behaupten,
in Gottes Wunderwerkstatt
so hautnah gestanden zu haben
wie diese Frau.
Obwohl sie keine studierte Theologin ist
und obwohl sie völlig unverbildet daherkommt,
formuliert sie dann
begeistert von Gottes Nähe und Kraft
einfach logische und theologische Spitzensätze,
wie sie in der Bibel
kaum ein zweites Mal stehen.

Marias Lobgesang
ist ein Stück Weltliteratur,
das seinesgleichen sucht.
Lesen Sie das mal nach
im Lukasevangelium, erstes Kapitel.
Alles, was in Gottes Macht steht,
zählt sie auf:
Barmherzigkeit,
aber auch Gewalt gegen die Gewalttätigen,
Brot für die Welt
und Gerechtigkeit für die Armen.
All das ist Gottes Programm.

Nicht nur das eine Wunder
preist Maria,
das in ihr wächst.
Sie hat einen weiten Horizont,
sie denkt kolossal global,
sieht Gottes Handeln
nicht nur an und für sich,
sondern an und für die ganze Schöpfung.
Selten hat Gott eine solche
ehrenamtliche Regierungssprecherin gehabt.

Ich kann mir nicht helfen,
aber so ein bisschen Marienverehrung
kann auch für einen evangelischen Christen
so falsch nicht sein.
Zumindest als Vorbild fürs Ehrenamt Gottes
ein Musterbeispiel einfach.
Ave Maria!,
kann ich da nur sagen.

Weiterlernen

Ich weiß nicht,
ob Sie schon mal bei einem Klassentreffen waren.
Wenn ja, dann wissen Sie,
was für eine große Sache das ist.
Beim Klassentreffen –
da muss man ganz stark sein.
Weil fast nur alte Leute hinkommen.

Da schaut man sich um
und sucht vergeblich
nach so jung-dynamischen Athleten,
wie man selber einer zu sein glaubt.

Aber es ist Realität.
Wir sind eben älter geworden,
seit wir zusammen in der Schule
den Klassenkampf geübt haben.
Und jeder sieht es beim anderen mehr
als bei sich selbst.

So ein Klassentreffen ist also
eine waghalsige Veranstaltung,
die eigentlich ohne professionelle
psychologische Betreuung
kaum zu verantworten ist.

Aber es gibt auch Schönes.
Das Schulhaus zum Beispiel.
Wenn man Glück hat, ist es noch da.
Und zwar so, wie es damals schon war:
Mit seiner betörenden Schlichtheit und
seiner bedeutsamen Gebäudesprache.
Die kann sich noch immer nicht recht entscheiden
zwischen Kaserne, Gefängnis oder Kloster.
Es gibt noch immer die Räume,
in denen wir selber einmal saßen
oder sitzen geblieben sind.

Und was ganz besonders auffällt:
Es riecht,
es riecht noch so wie damals.
Die Schule hat einen eigenen Stallgeruch.
Früher hatten wir davon die Nase ziemlich voll.
Aber heute macht es melancholisch.
Da kommen ganz wundersame Gefühle hoch,
weil es ein bisschen ist,
als sei gar keine Zeit vergangen.
Ich hab mal wieder reingeschnuppert
in meine alte Schule und sie sofort wiedererkannt,
an ihrem Duft.

Wir können unsere Häuserwelt,
in der wir unser Leben wohnlich einrichten,
gut riechen –

oder auch nicht.
Und das ist ein Geschenk des Himmels,
dass wir so intensiv wahrnehmen können.
Die Bibel sagt sogar, dass Gott selbst
eine feine Nase hat
und dass nur die Götzen
nicht richtig riechen können.

Gott aber nimmt sehr genau
den Geruch seines Volkes wahr.
Ihm stinkt es bis zum Himmel,
wenn es so scheinheilig ist.

Und so ist es am Ende kein Wunder,
dass die Bibel sogar den Aufruf enthält,
bei Gott selbst in die Schule zu gehen.
Und das in jeder Lebensphase.
Diese Schulzeit ist spannend ohne Ende,
Gottes Lehrprobe mit uns
ist noch lange nicht fertig.
Wir stehen bis auf Weiteres
immer noch auf seinem Stundenplan.
Und mit dieser Aussicht
können wir ruhig zusammen alt werden –
und womöglich sogar
gescheit.

Tragende Rollen

Ehrenamtliche Leute
haben meist eine tragende Rolle.
Sie tragen bei
und tragen mit
und tragen zusammen,
was gebraucht wird.
Und sie machen so für andere
das Leben erst erträglich.

Einmal wird in der Bibel erzählt,
wie Jesus in einem Dorf zu Gast ist
und alle Leute laufen zusammen.
Sie treffen sich in einem Haus.
Das Haus ist voll
und es stehen sogar welche draußen.
Alle wollen sie diesen wundersamen Wundertäter
und Wanderprediger
sehen
und hören
und erleben.

Und dann gibt es da auch
einen Gelähmten im Dorf.
Der liegt schwer da.
Seine Beine tragen ihn nicht mehr,
und er kann nicht mehr selbst bestimmen,

wo er hingehen und wo er dabei sein will.
Deshalb hat er auch keine Chance,
wenn es was zu sehen und zu hören gibt.
Es sei denn,
es passiert ein Wunder,
und es passiert gleich vierfach:
Denn da gibt es tatsächlich vier Leute,
die zu dem Gelähmten hingehen,
in Kauf nehmen,
selbst allerhand zu verpassen.
Denen ist es eine Ehre,
den Ausgeschlossenen aufzuheben
und zu Jesus zu tragen.
Echte Ehrenamtliche eben.
Und weil es
wie schon gesagt
ziemlich eng und überfüllt ist,
klettern sie kurzerhand
auf das Haus,
machen ein Loch,
lassen den Kranken hinunter
und legen ihn Jesus
direkt vor die Füße.
Und weil dem wahrscheinlich
noch nie zuvor
jemand derart
aufs Dach gestiegen ist,
ist auch er schwer beeindruckt,

wendet sich dem Kranken zu
und bringt ihn
wieder auf die Beine.
Und so macht er ihn,
weil er der Heiland ist,
wieder heil
an Leib und Seele.

Die vier teamfähigen Leute
haben dabei eine tragende Rolle.
Sie tragen bei
und tragen mit
und tragen zusammen,
wenn es gilt,
in die Nähe Gottes zu kommen,
damit etwas Heilsames
passieren kann.

Bei Beerdigungen
muss ich immer wieder
an diese Geschichte denken.
Da sind es ja auch vier,
die einen Sarg hinunterlassen
in das Grab.
Das ist immer
mit der schlimmste Moment
von allem,
was es durchzustehen gilt.

Wenn man von einem geliebten Menschen
Abschied nehmen muss.
Immer am Grab
muss ich an diese Geschichte denken
und wie die vier
den Kranken hinablassen,
um ihn vor Jesus
abzulegen,
um ihn Jesus anzuvertrauen,
vielleicht sogar,
um ihm sein Schicksal vorzuwerfen.

Am Grab tröste ich mich dann
mit dem Gedanken,
dass wir auch so all unsere Toten
vor Gott ablegen.
Nur so ist das zu ertragen,
glaube ich.

Essen auf Rädern

Das ist inzwischen ja eine feste Größe
im Raum der Diakonie.
Haben Sie gewusst,
dass das Essen auf Rädern
schon 2000 Jahre alt ist?
Also nicht das Essen,
sondern die Idee
meine ich.
Also, dass man den Leuten,
die sich nicht mehr selbst versorgen können,
was zu essen ins Haus bringt.
Das wurde tatsächlich schon vor 2000 Jahren
ins Rollen gebracht.
Und zwar war das
in der ersten christlichen Gemeinde in Jerusalem.
Ganz am Anfang also.

Damals ist alles noch neu und fremd.
Niemand hat ein Konzept.
Überall passieren wichtige Dinge,
ohne dass jemand die Statistik bemüht
oder eine Qualitätskontrolle
über die Wichtigkeit der Sache einführt.
Es pulsiert einfach,
das Leben in der Urgemeinde,
eine ganz eigene Dynamik

bringt alles in Schwung,
die Gemeinde wächst,
und es geht
drunter und drüber.
Darüber muss man sich nicht ärgern,
nur wundern,
so lange jedenfalls,
wie alles einigermaßen gut geht.

In Jerusalem kommen täglich neue Leute
zur Gemeinde dazu.
Und es ist wie überall,
wo was los ist:
Es passieren jede Menge Fehler,
mit bester Absicht natürlich.
Nur wo alles tot ist
und sich nichts mehr tut,
tut keiner was Falsches.

Also, wenn es in Ihrer Familie,
in Ihrem Beruf,
in Ihrer Gemeinde
so richtig rund geht,
dann seien Sie froh.
Das ist ein gutes Chaos,
das verspricht Leben pur.

In Jerusalem jedenfalls vibriert das Gemeindeleben

und folgerichtig
werden so richtig große
und bedauernswerte Fehler gemacht.
Jedenfalls die griechischen Juden,
die also von auswärts sind
und keine Einheimischen,
die fühlen sich übergangen,
weil ausgerechnet
im Eifer des Gefechts
die Witwen aus ihrer Großfamilie
kein Essen auf Rädern kriegen.
Prost Mahlzeit!
Die Stimmung ist mies,
die Lage schwierig,
aber daraus entsteht
mit Gottes Hilfe
meistens was Neues,
was Kreatives.

Und siehe da:
In Jerusalem erfinden sie
die Fachkompetenz.
Sie suchen sieben Männer,
die einen guten Ruf haben,
geistvoll sind
und willig.
Und die beauftragen sie,
ab sofort diakonisch zu sein.

Das heißt das Essen auf Rädern zu verteilen.
Und mit diesem klugen Krisenmanagement
gelingt es schließlich,
wieder Ruhe und Frieden herzustellen.
Die Apostel machen das, was sie gut können:
Sie predigen
und versorgen die Seelen.
Und die Diakone
bringen ihre speziellen Fertigkeiten ein
und marschieren
und versorgen den Leib.
Und schon ist das Problem gelöst
und der Knoten geplatzt
und der Wagen rollt wieder.
Die Gemeinde wächst weiter.

Und wenn wir es richtig machen,
dann tut sie es bis heute.

Zeitweise

Mensch,
wie die Zeit vergeht!
Da habe ich gerade die Kugeln vom Weihnachtsbaum
auf den Dachboden getragen,
bin wieder zurück,
mach mir einen doppelten Espresso,
trink den in Ruhe,
da sagt meine Frau,
ich soll doch bitte mal auf den Speicher gehen,
den Osterschmuck runterholen.

Je älter man wird,
umso schneller geht's.
Sagen die Leute.
Und sie haben recht.
Ausnahmsweise.

Und jetzt ist mir auch eine Idee gekommen,
was der Grund
dafür sein könnte.
Warum,
um Gottes willen,
immer alles schneller
kommt
und geht.
Vielleicht

ist es ähnlich
wie bei einer Reise,
einer langen Fahrt,
einem weiten Weg.

Wenn man wegfährt,
ein weites Ziel ansteuert,
dann geht das doch
erst einmal
ziemlich lange
langsam
vorwärts.
Scheinbar gar nicht.
Oder?
Als Kind ist es doch
eine gefühlte Ewigkeit,
bis es endlich Weihnachten wird,
mein Geburtstag kommt,
Ferien anfangen,
Zahnschmerzen aufhören.
Mehr als eine lange Weile
dauert das
andauernd.
Es zieht sich eben hin.
Das ist so bei einer Reise
auf dem Hinweg.

Anders wird es erst,
wenn es wieder heimwärts geht.
Heimzus geht's schneller.
Das wundert mich jedes Mal wieder.
Auf dem Heimweg
ist alles viel leichter
und gar nicht mehr
so lahm und langsam.

Und so könnte das doch auch
mit unserem Lebensweg sein.
Am Anfang,
wenn wir zur großen Reise aufbrechen,
dann zieht sich das,
geht uns alles
nicht
schnell
genug:
Bis wir endlich
in die Schule kommen,
aus der Schule kommen,
Führerschein, Beruf, Partner,
was Eigenes haben.
Und dann,
kaum sind wir angekommen
an unseren Zielen,
an einzelnen jedenfalls,
nicht an allen natürlich,

da geht's auf einmal
rasend schnell.

Das ist eine Menschheitserfahrung,
die seit Jahrtausenden
so gemacht worden ist.
Schon im alten Psalm 90 heißt es:
Unser Leben währet siebzig Jahre,
wenn es hoch kommt,
sind es achtzig –
und es geht schnell dahin,
so als flögen wir davon.

Da kann einem heimzus
schon ein bisschen schwindlig werden.
Da brauchen wir Flugkompetenz.
Und das Wissen,
wo wir landen können.

Gute Reise!

Wetterkarte

Eine Wetterkarte
im Fernsehen
gibt es jetzt schon mehr als fünfzig Jahre.
Wetter gab es auch vorher schon
fast überall,
aber so eine Vorhersage
von Fachleuten
noch nicht.
Das war damals neu.
Und bis heute hat sich der Wetterbericht
als ein unverzichtbarer Teil
jeder Nachrichtensendung
fest etabliert.
Immer professioneller,
immer exakter
wird da vorhergesagt,
wie morgen
und übermorgen
und am Wochenende
das wetterwendische
Wetter wird.
Stimmen tut daran immer
mindestens das Datum.
Aber auch sonst
liegen die Meteorologen
ziemlich oft richtig.

Erst vor Kurzem
haben sie uns beinahe
den Weltuntergang vorhergesagt,
als es kräftig anfing zu schneien.
Mein Großvater,
der hätte wie immer
ganz gelassen mit dem Kopf genickt
und festgestellt,
dass jetzt eben grade mal Winter ist.
Und da kann so was
schon auch mal vorkommen …

Wie dem auch sei,
das Wetter ist ein wichtiges Thema.
Jeden Tag.
Über nichts reden wir
so gerne
und so ausführlich.

Interessant ist,
wie ich finde,
dass sich die älteste Vorhersage
bereits in der Bibel finden lässt,
lange bevor sie im Fernsehen damit begonnen haben.
Gott selber,
wie sollte es auch anders sein,
spricht die erste Vorhersage
höchstpersönlich

und sagt:
Solange die Erde steht,
soll nicht aufhören:
Saat und Ernte,
Frost und Hitze,
Sommer und Winter,
Tag und Nacht!

Das ist zweifellos
die am weitesten geltende Prognose,
die wir kennen,
und sie stimmt exakt
mit allen Wetterberichten
der letzten fünfzig Jahre überein,
vor allem
in dem einen zentralen Merkmal:
Es ist
und
war
und
bleibt
ziemlich veränderlich.
Es bleibt nie gleich,
es kommt und geht,
es zirkuliert,
es hat einen Plan,
einen Kreislauf,
eine stabile Veranlagung zur Veränderung.

Und es kommt alles mal dran,
es ist nichts für immer,
es gibt von allem etwas
und auch heute Abend ist wieder
mit zunehmender Dunkelheit
zu rechnen.

Wie auch immer das Wetter wird,
der Schirmherr
der ganzen Veranstaltung
hat sein Versprechen
noch immer gehalten.
Und das kann man nicht
von jedem Wetterbericht behaupten.

Menschenskinder

Was willst du denn mal werden,
wenn du groß bist?
Das werden Kinder von den Großen oft gefragt.
Was willst du mal werden,
wenn du erst mal
groß bist?
Was so klingt wie die reine Fürsorge
und das pure Interesse,
das ist in Wirklichkeit eine versteckte Eitelkeit.
Große Leute, sogenannte Erwachsene,
glauben nämlich,
dass es einzig und allein erstrebenswert ist,
endlich genauso zu werden,
wie sie es schon sind.
Sie denken tatsächlich unbewusst,
dass im Grunde alle nur deshalb
nacheinander auf die Welt gekommen sind,
um langsam aber sicher
so zu werden
wie sie.
Dieser Glaube hat sich über Generationen hin vererbt.
Das war schon immer so.
Auch die,
die heute groß sind,
wurden so gefragt.

Schon immer
und immer wieder
geht das alte Spiel,
was ich einmal werden will.
Und dann antworten wir als kleine Kinder
mit großen Augen
und sagen solche Wahnsinns-Sachen wie:
Pilot, Stewardess oder Tänzerin.
Das wär schön!
Feuerwehrmann
oder Lokomotivführer
oder Astronaut,
Prinzessin,
Schönheitskönigin
oder Tierärztin,
Fußballprofi
oder einfach wunderbar
ein Superstar.

Was willst du einmal werden, wenn du groß bist?
Die Frage ist eindeutig falsch gestellt
und zweideutig ist sie außerdem,
denn wer so fragt, unterstellt ja den Kleinen,
dass sie noch nichts sind,
und den Großen, dass sie was sind.
Und beides ist so
nicht unbedingt wahr
und schon gar nicht richtig.

Und das ist wichtig.
Wer sagt:
Was willst du mal werden,
wenn du erst mal groß bist?,
der unterstellt auf gemeine und geheime Weise,
dass der Gefragte
bis auf Weiteres jedenfalls
noch nichts Gescheites geworden ist.
Und dass es außerdem am allerbesten wäre,
er würde werden so wie ich.

Mein Großvater war ein Bauer.
Und als der meinen Vater gefragt hat,
was er denn mal werden will,
da hat er natürlich erwartet,
dass die Antwort heißt:
Ich will mal werden wie du.
Und so ist mein Vater auch Bauer geworden.
Als er dann mich mal fragte,
da habe ich gesagt,
dass ich wohl Pfarrer werden wollte.
Da war mein Vater gar nicht froh
und meine Mutter sowieso …
Und als ich dann Kinder hatte,
da habe ich doch so manches Mal gehofft und gedacht,
die würden vielleicht
– dank meines beeindruckenden Vorbildes –
sagen:

Oh, wir wollen mal so werden
wie du!
Aber das haben sie dann doch nicht gesagt.
Und das war nicht ohne,
sondern eher mit,
mit Lerneffekt für mich.
Es ist gut zu wissen:
Einer von meiner Sorte genügt!

Menschenskind,
hör bloß auf, so zu tun,
als müssten die Kinder
aus ihrem bedauernswerten Nichtssein
herauswachsen
und womöglich so werden wie die Großen,
um etwas wert zu sein.

Jesus jedenfalls
ruft die Kinder zu sich
und stellt sie den Erwachsenen
als vorbildliche Vorbilder vor
und sagt:
Wenn du mal was werden willst,
wenn du erst mal groß bist,
dann wär es das Größte,
wenn du wirst wie ein Kind.
Nicht kindisch, naiv, unwissend,
nicht ahnungslos,

das meint Jesus nicht,
dass wir nichts lernen sollen,
hilflos und ahnungslos bleiben womöglich.

Er betrachtet auch nicht als überflüssig,
dass wir lesen und schreiben und rechnen können,
mit Messer und Gabel essen
und rückwärts einparken.
Das ist schon alles auch wichtig,
manchmal.
Und auch Piloten soll es geben
und Lokomotivführer natürlich
und Tierärztinnen womöglich,
von mir aus auch Superstars,
wenn sie wenigstens nicht singen.

Aber darauf kommt es nicht wirklich an.
Worauf es ankommt,
wenn es nach Jesus geht, das ist:
Ungebremst neugierig zu sein
wie ein Kind,
erwartungsfroh auch,
unverschämt zukunftsgewiss,
vorbehaltlos, absichtslos,
noch nicht so verstopft und verkopft,
noch nicht so verbissen und gerissen.
Kindlich eben,
das heißt durchaus auch

unbedacht und gefährdet,
angewiesen auf Führung und Erziehung,
nicht unabhängig und unbeherrscht.
Einem Menschenkind
muss Gott immer auch mal die Grenzen aufzeigen
und ihm Widerspruch zumuten
und Gehorsam abverlangen.
Dann ist jedes Menschenkind
aufgehoben
und eingebettet
und behütet
und geborgen
im Vaterhaus des Glaubens.

Stichtage

Gedenktage
können ganz unterschiedlich sein.
Es gibt da aber ganz Spezielle,
die sich in unser Leben eingemeißelt haben,
und die kommen auch regelmäßig,
immer und immer wieder.
Und sie machen uns schwer zu schaffen.
Es sind die Gedenktage,
die uns erinnern an das Schwere
und Leidvolle,
das uns widerfahren ist.
Man könnte sie im übertragenen Sinne
deshalb auch besser
Stichtage
nennen,
weil sie so stechen,
so wehtun,
weil sie
wie ein Stich ins Herz
empfunden werden.

Wenn sich ein Tag,
ein Datum wiederholt
und uns erinnert,
wie es war,
vor einer Woche,

einem Monat,
einem halben Jahr,
als sie passiert ist,
die ganz persönliche Passion:
der Unfall,
die Krankheit,
die schlimme Nachricht,
der Tod.

Wer etwas ganz Schweres hat erleben müssen,
für den rechnet sich die Zeit fortan von diesem
Datum aus.
Und immer, wenn es wiederkommt,
schmerzt es bitter,
sticht es zu.
Und dann verzweifeln und leiden viele
auch an ihrem Glauben an Gott
und fragen sich
seelenwund
nach dem Warum
und vor allem,
wie es sein kann,
dass der liebe Gott
so etwas zulässt.

Und da kann ich nur sagen,
dass es an der Zeit ist,
spätestens,

wenn so ein Stichtag kommt,
klar und deutlich zu sagen,
dass der liebe Gott
einfach nicht so lieb ist,
schon gar nicht *nur* lieb,
sondern immer schon
und meistens sogar
alles andere als das.
Die Bibel beschreibt ihn uns
als allmächtigen, zornigen, eifersüchtigen,
ja sehr strengen Gott,
als einen,
der Angst und Schrecken verbreitet,
in dessen Nähe es einem die Schuhe auszieht,
dessen Erscheinen einfach nicht auszuhalten ist.

Nein. Der liebe Gott ist gar nicht so lieb,
nicht so betörend harmlos,
so ungefährlich,
nicht so verfügbar
und anschmiegsam.

Das hat sogar Jesus selbst zu spüren bekommen.
Obwohl sein lieber Sohn genannt,
wird ihm der schwere Weg
durch die Gethsemane-Nacht
bis hinauf nach Golgatha ans Kreuz zugemutet.
Und dort am Kreuz

schreit er sich
vor lauter Gottverlassenheit
die Seele aus dem Leib
mit seinem
„Mein Gott, mein Gott,
warum hast du mich verlassen?"
Spätestens da hat der liebe Gott aufgehört,
nur lieb zu sein,
spatestens da
ist er anders,
ganz anders,
brutal anders.

Aber er ist
und bleibt da,
er bleibt dabei,
er geht mit,
bewahrt die Seele seines Sohnes in seinen Händen
und führt ihn durch das finstere Tal hindurch.
Der liebe Gott ist manchmal nicht mehr zu erkennen
vor lauter Warum und Wozu.
An Stichtagen schon gar nicht.
Aber auch der verborgene, rätselhafte Gott ist da,
bleibt nah,
geht mit,
hält mich
und hält es mit mir aus.

Wenn auch nicht als der liebe Gott erlebbar,
bleibt er doch
der Gott der Liebe.

Werktag

Unser Alltag besteht bekanntlich
in der Regel aus Werktagen.
So nennen wir die Tage,
an denen gearbeitet, gewerkelt wird.
So steht's schwarz auf weiß im Kalender.
Die roten Zahlen,
das sind die Feiertage,
die ohne Arbeit, wenn's geht.

Können Sie den Alltag gut leiden?
Haben Sie Lust auf Werktage?
Ich kenne Leute,
die sind immer heilfroh,
wenn alles normal und alltäglich ist.
Denen ist immer himmelangst,
wenn die Tage kommen, die rot im Kalender
stehen.
Die sagen mit Goethe:
„Es ist nichts schwerer zu ertragen
als eine Reihe von guten Tagen!"
Wenn dann endlich wieder der Alltag kommt,
dann ist es geschafft,
dann wird nämlich wieder geschafft,
und da kennt man sich aus und weiß,
worum es geht, wo man seinen Platz hat,
was zu tun ist,

welche Aufgaben kommen,
welche Pflichten warten.
Mit Werktagen bewerkstelligen wir unser Leben.
Werktage sind überhaupt nicht feierlich,
kein bisschen festlich,
völlig ungefährlich ehrlich,
total normal.
Es gibt was zu tun.
Ob zu Hause oder unterwegs.
Der Werktag ist trotz aller Lasten
einfach ein echtes Stück Leben,
worin wir uns spüren und begegnen.

Im Psalm 90,
in dem das ganze liebe Leben
angeguckt und bewertet wird,
da heißt es ganz spannend:
Unser Leben währet siebzig Jahre,
wenn's hoch kommt, sind's achtzig Jahre
und was daran köstlich scheint,
das ist doch vor allem
Mühe und Arbeit gewesen ...

Unser Leben ist also vor allem
köstlicher Werktag gewesen.
Das Beste am Leben sind nicht etwa nur
die Hochzeiten
und Highlights,

sondern das Beste ist bestenfalls
vor allem alltäglich,
werktäglich,
weil gut verträglich.
Das Geländer der ganz undramatischen Normalität.
Da kann man sich dran festhalten,
da weiß man, wo es langgeht.

Also, nichts wie hinein ins Vergnügen,
guten Werktag allerseits,
auf dass er köstlich werde,
ein bisschen mühselig vielleicht auch,
aber das ist ja auch eine Form
von selig,
oder?

Judas und die Finanzkrise

Liebe verwandte und bekannte
spekulante Passanten!
Ich sage nur:
Money makes the world go round!
Geld regiert die Welt!
Judas küsst bis heute!
Jesus wird noch immer verraten und verkauft.
Die dreißig Silberlinge sind noch im Umlauf,
in und um uns herum,
im Inland und im Ausland
und im Umland
gebunkert und verborgen
oder bar auf die Hand
in den Mund,
scheckhaft oder
in barer Münze
als ein Haufen Kies,
jede Menge falsche Fuffziger,
Boni-Zahlungen,
Steuergelder, Börsendaten
und Dukaten,
eine schöne Stange Geld,
Blüten, schwarz und gewaschen,
eingefroren und verloren,
schmutzig und heiß,
das Geld liegt auf der Straße.

Die Welt kostet ein Schweinegeld,
wenn es auf den Kopf gehauen wird,
damit sich andere eine goldene Nase verdienen
mit ganz viel
Asche auf mein Haupt.
Bares und Sonderbares,
Blüten, Cash,
ein Sack voll Flöhe,
Kies und Knete,
Kohle,
dazu ein paar Kröten, Mäuse und Moneten,
Moos und Peseten,
Piepen und Scheine,
auch von Scheinheiligen.
Es grüßen:
Zahlemann und Söhne,
rück schon raus mit dem Zaster,
Geld stinkt doch nicht,
das geht einem durch Mark und Bein,
wenn die Geldspritzen aufgezogen werden,
damit der Geldhahn nicht zugedreht wird
von den Geldsäcken.

Der internationale Kapitalmarkt spielt verrückt
und schrammt jeden Tag
haarscharf
an einer Katastrophe vorbei,
vor allem an der Hungerkatastrophe.

Von den Börsendaten des Tages
berichtet jede Tagesschau.
Von der Anzahl der Hungertoten nicht.
Vor dem Dax
duckt sich alles.
Es wird mit Judaskuss geküsst
auf Teufel komm raus –
und dann kommt er raus
und bleibt sitzen im Detail.
Der Zweck heiligt die Mittel.

Welchen Preis werden wir am Ende dafür zahlen?
Was kostet die Welt?
Einen Kuss,
und das steht längst fest,
die Rechnung ist schon aufgemacht,
Silberlinge,
dreißig Silberlinge.
So viel kostet der Verrat.

Das könnte uns das Leben kosten,
das sinnerfüllte, gelingende, geschwisterliche.
Wenn wir nicht aufhören,
diesen Jesus zu verraten und zu verkaufen,
mit allem, was ihm lieb und teuer ist.
Jesus,
der sagt,
wenn einmal abgerechnet wird,

dann geht es nach dem Motto:
Was ihr getan habt
einem von diesen meinen Geringsten,
das habt ihr mir getan!
Kuss
und Schluss.

Abschaltquote

Nach dem Gottesdienst an der Kirchentür:
Händeschütteln, Verabschieden, Blicke,
Augenblicke, ein paar Worte nur,
Grüße, gutwillige Signale.

Da steht dann auf einmal eine Frau
mittleren Alters vor mir
und bedankt sich.
Wofür?
Für das Eingangsgebet!
Sie sagt:
Das hat mich so berührt,
dass ich danach
völlig abwesend war
und meinen Gedanken nachgegangen bin.
Von Ihrer Predigt habe ich
gar nichts mehr mitbekommen!
Das ist doch schade, oder?

Ist es nicht!
Gar nicht!
Im Gegenteil: Es ist wunderbar.
Sie hat schon gleich zu Beginn des Gottesdienstes
ihre Einstiegsluke in ihr Inneres gefunden,
ist daraufhin ausgestiegen,
hat sich von der Oberfläche verabschiedet,

um fortan Wichtigerem nachzusinnen.
Präsenzübung
nenn ich das.
Bei sich sein,
in sich gehen,
was ziemlich weit sein kann.
Gegenwärtig sein.
Innerbetriebliche Auszeit nehmen.

Der Gottesdienst ist weitergegangen
ohne sie,
aber für die anderen,
die noch nicht
so berührt,
so bedacht,
so versorgt worden waren.

Dann der sympathische Ü30-Typ.
Dass der kommt,
ist schon eine starke Sache.
Nach dem Gottesdienst
seine empörte,
ja erregte,
allemal sehr irritierte Rückmeldung:
Ich hatte schon nach der dritten Strophe
des ersten Liedes
genug.
Da war ich schon bedient.

Danach habe ich
den ganzen Gottesdienst über
damit gekämpft.

Er lässt mir Bedenkzeit.
Also, wir haben zu Beginn
das schöne Lied
„Gott ist gegenwärtig"
gesungen.
Dagegen ist nichts einzuwenden.
Ein wunderbares Lied,
um einen Gottesdienst
feierlich zu beginnen.

Und dann die dritte Strophe,
sagt er. Sie lautet:
„Wir entsagen willig
allen Eitelkeiten,
aller Erdenlust
und Freuden …"
Jetzt haben wir's.

Er sagt:
Wenn das stimmt,
dass ich mich entscheiden muss,
ob ich Christ sein will
oder Freude am Leben
haben darf,

dann entscheide ich mich
mit Verlaub
für Erdenlust und Freude!

Die dritte Strophe ist eine Katastrophe.
Er hat sich beim Eingangslied schon
vom Gottesdienst verabschiedet,
weil ihn das Signal nicht zum Leben eingeladen,
sondern zur Lebensverneinung gedrängt hat.

Frust statt Lust.
Da war noch kein Wort gesprochen,
noch keine einzige Geste gemacht –
und der Lebenshungrige
war schon satt,
nein,
ihm war der Appetit
schon vergangen.

Was lernen wir daraus?
In jedem Gottesdienst
ist Gott sei Dank
mit einer
sehr hohen Abschaltquote
zu rechnen.
Das heißt aber noch lange nicht,
dass damit der Gottesdienst aufhört.
Im Gegenteil:

Da fängt die Arbeit
mit Gott
erst so richtig an.

Weltuntergang

Der Weltuntergang findet jeden Tag statt.
Überall dort, wo jemand sich verliert oder verloren
geht.
Jedes Sterben, jeder Abschied, jede Trennung
bedeutet ein Stück Untergang.
In jedem Augenblick werden Welten begraben,
bebt die Erde bei denen,
die den Boden unter ihren Füßen verlieren.
Es gibt viel wehen Mut und viele wunde Seelen.
Manchem macht seine Liebe Kummer.
Viele sind ihre Hoffnung los.
Und all das passiert in diesem lebensgefährlichen
Leben
jeden Tag und jede Nacht
ganz still und verborgen
in unseren Häusern und Familien,
immer versteckt
in den vielen kleinen Lebenswelten.

Und dann natürlich
die ständige Inszenierung des großen Untergangs.
Nie hatten wir so viel Hunger und Armut.
Während alle
vor allem von der Finanzkrise reden
und Milliarden zur angeblichen Rettung
den Schuldenberg hinauffließen,

wartet man irgendwie merkwürdig vergeblich
auf ähnliche waghalsige Anstrengungen,
um den weltweiten Hungerskandal zu besiegen.
Und weiterhin können wir die Liedstrophe
wieder und wieder singen,
die die normal fest installierte Weltenkatastrophe
beklagt:
„Kampf und Krieg zerreißt die Welt,
einer drückt den andern nieder.
Dabei zählen Macht und Geld,
Klugheit und gesunde Glieder …"

Passend dazu wimmelt es von Propheten,
die uns retten wollen.
Nie gab es so viele Anleitungen zum Glücklichsein.
Die Buchhandlungen stapeln die
Gebrauchsanweisungen
für das gelingende Leben
bis unter die Decke.
Und zu allem Überfluss
streiten wir uns auch noch heftig,
wer den richtigen Glauben glaubt.
Die Liebesmüh friert langsam ein.
Es fröstelt uns,
wenn wir uns treffen
und betroffen sind
von dem Anderssein der anderen.

Wahrhaftig! Jesus hat recht.
Es stimmt. Die Wehen sind in der Welt.
Es schmerzt einen,
zu sehen und zu spüren,
wie schwer wir uns tun,
während wir es uns so leicht machen wollen.
Das alles aber ist erst der Anfang der Wehen!,
sagt Jesus.

Die Endzeit ist auch Zeit.
Und sie hat vorerst noch kein Ende.
Endgültig ist noch gar nichts.
Noch sind wir vorläufig unterwegs.
Und alle Untergänge
von großen und kleinen Welten,
alle begrabenen Hoffnungen
und alle gestorbenen Träume,
alle verlorene Liebe
und alles vergebliche Sehnen
ist noch immer Teil unserer bewahrten Bewährungszeit
im Hier und Heute.

Und alles,
worauf es jetzt ankommt,
ist Beharrlichkeit:
„Wer aber beharrt bis ans Ende,
der wird selig werden!"

Erfolgsprinzipien

Gott will nicht, dass wir untergehen.
Selbst wenn uns das Wasser bis zum Hals steht
und wir nicht wissen,
wie wir über die Runden kommen sollen
mit dem Vielen, was wir zu wenig haben.
Gott will nicht, dass wir untergehen.
Und damit das auch wirklich nicht passiert,
könnten wir einmal probeweise
das alte Arche-Noah-Prinzip anwenden.
Sie wissen doch,
das große Schiff,
das durch die Sintflut trägt
mitsamt dem Noah und seinen Leuten
und vor allem mit seinen Tieren.
Also, dieses Überlebensmodell
hat sich ja derart als Erfolgsgeschichte bewährt,
dass wir gut beraten wären, finde ich,
uns die wichtigsten Erkenntnisse daraus
zunutze zu machen.

1. Noah fängt an, das Schiff zu bauen, bevor es regnet.
Will sagen:
Es ist immer gut, langfristig zu planen.

2. Noah kassiert für seine Aktion Hohn und Spott.
Will sagen:

Es ist nicht unbedingt populär vorauszudenken,
aber notwendig.

3. Noah baut exakt nach Anweisung,
sodass noch heute der Schiffsbau von ihm profitiert.
Will sagen:
Überlebensstrategie ist Millimeterarbeit.

4. Noah nimmt alle paarweise mit.
Will sagen:
Das Überleben ist nicht einerlei.

5. Noah fährt erst ab, nachdem die Schnecken da sind.
Will sagen:
Auch die Langsamen sollen mitkommen.

6. Noah nimmt auch die mit, die Mist bauen.
Will sagen:
Wenn alle in einem Boot sitzen, muss man sich auch
riechen können.

7. Noah treibt lange orientierungslos übers Wasser.
Will sagen:
Während jeder Rettung verliert man auch mal
die Übersicht.

8. Noah braucht sehr viel Geduld.
Will sagen:

Es dauert manchmal, bis wieder Land in Sicht ist.

9. Noah steht am offenen Fenster.
Will sagen:
Wer Leben will, muss auch danach Ausschau halten.

10. Noah begrüßt die Taube mit dem Ölzweig.
Will sagen:
Es steht fest,
Gott will, dass wir wieder auf einen
grünen Zweig kommen.

11. Noah feiert nach seiner Rettung einen Gottesdienst.
Will sagen:
Beten sollen wir in und nach der Not.

12. Noah und Gott schließen nach der Rettung die erste
Lebensversicherung ab,
die für alle Gezeiten bis heute gilt.
Will sagen:
Einen Regenbogen gibt es nur, nachdem es kräftig
geregnet hat.

13. Noah war sehr alt.
Will sagen:
Alter schützt vor Rettung nicht.

Ahoi!

Immer wieder sonntags …

Nach der biblischen Überlieferung
ist der Mensch so ziemlich das Letzte,
was von Gott erschaffen wird.
Die Schöpfung kommt ziemlich lange
ohne uns aus.

Es scheint,
als habe Gott ganz gerne die meisten Dinge
erst mal
ganz alleine gemacht.

Wir hätten ihm womöglich sonst
noch früher
ins Handwerk gepfuscht.

Aber in seinem schöpferischen Drang,
Wunderbares zur Welt zu bringen,
fasst er dann doch den folgenschweren Entschluss,
neben allen anderen waghalsigen Experimenten
auch noch den Menschen zu erfinden.

Und als er das gemacht hat
und wir sozusagen gemachte Leute sind,
da macht er erst mal nichts mehr.
Er ruht.
Er macht Pause.

Auszeit.
Zieht Bilanz,
freut sich an dem sehr guten Ergebnis
und sonst gar nichts.

Das heißt:
Das Erste, was der erschöpfte Schöpfer tatsächlich
seinen menschlichen Geschöpfen antut, ist:
Nichts zu tun.
Für uns beginnt die ganze Sache mit einer Pause.

Ist das nicht wunderbar?
Die erste Lektion heißt: Hände weg!
Möglichst nichts anrichten.
Dann erst kommt der Werktag.
Das Erste, was Gott heiligt,
das ist die Denkpause,
die Unterbrechung,
der Standstreifen,
der Parkplatz,
die Raststätte.

Zuerst kommt die Besinnung,
damit wir alle Sinne wieder beisammen haben
und in diesem Sinne erinnern,
woher wir kommen,
wer wir sind
und was wir wollen.

Immer wieder sonntags,
kommt die Erinnerung …
Erinnern Sie sich noch
an den alten Schlager?
Er schlägt vor:
Mach mit
beim großen memory
am Sonntag!
Alles andere
kannst du vergessen …

Stillarbeit

Meine erste Schule hat man noch
Volksschule
genannt.
Sie stand mitten im Dorf.
Es gab einen großen Raum,
in dem alles kleine und junge Volk des Dorfes
zusammen unterrichtet wurde.

Zusammen waren wir vielleicht fünfunddreißig.
Es gab einen Lehrer.
Der hieß Schäfer.
Und er war auch einer.
Nomen est omen.
Wir seine Schafe,
auch schwarze natürlich,
mit allen Talenten,
die dieser Gattung entsprechen.
In der Mitte stand ein großer Bollerofen.

Ich weiß das noch genau,
wie es geklungen hat,
wenn man das Ofenloch auf-
und zuklappte,
um Holz nachzulegen.
Das war nämlich mein Spezialauftrag.
Und dem bin ich immer dann

besonders eifrig nachgekommen,
wenn Gefahr im Verzug war,
ich also nahe dran war
dranzukommen.

In meiner Klasse waren wir
fünf Buben und zwei Mädchen.
Sieben auf einen Streich.
Vollkommen.
Damit war unsere Klasse schon recht groß.
Insgesamt gab es sieben Klassen.
Und die in einem Zimmer!
Nicht zu fassen, oder?

Die Pause war zu Ende,
wenn der Lehrer in die Hände klatschte,
die Stunden gingen so lang,
wie es was zu tun,
zu sagen gab.

Und natürlich konnte unser Lehrer
immer nur mit einem Teil von uns
direkt arbeiten.
Die anderen hatten inzwischen
Stillarbeit.

Das muss man sich so vorstellen,
dass es also mehr oder weniger still ist

und alle einer Beschäftigung nachgehen,
die aufgrund des soeben gelernten Stoffes
jetzt zur Anwendung kommt.

Hatten wir ein neues Wort gelernt,
so mussten wir es jetzt suchen,
schreiben, erinnern.
Hatten wir eine neue Rechenart gelernt,
galt es jetzt, Aufgaben danach zu lösen.

So saßen wir stundenlang in der Schule
und beschäftigten uns selbst,
während der Lehrer sich den anderen zuwandte,
die gerade etwas anderes zu lernen hatten.

Gleichzeitig hatten alle Unterricht,
waren alle Lernende – und doch
zwischenzeitlich sehr unterschiedlich präsent, aktiv.
Der eine Raum beherbergte gleichzeitig
wache Aufmerksamkeit nach vorne
und stille Konzentration nach innen.
Und den Blick ins Ofenloch.

Könnte es sein,
dass es auch so etwas wie
Stillarbeit in der Schule des Glaubens gibt?
Weil gerade schwere Aufgaben zu lösen sind?
Weil neues Wissen bedacht

und (noch) fremde Regeln eingeübt werden?
Da gilt es,
neue Vokabeln für die fremde Sprache
des Glaubens
zu lernen und zu wiederholen,
Brüche zu berechnen,
Geschichten zu bedenken
und Zusammenhänge zu begreifen,
die bis auf Weiteres
noch zu hoch hängen.

Womöglich ist es für das lernende Gottesvolk
in der Glaubensschule unabdingbar,
dass es Unterbrechungen gibt,
in denen das Aufgenommene still verarbeitet wird,
damit es angewandt wird
auf das Leben.

Dankbar und anerkennend sollten wir also
zukünftig auf alle sehen,
die scheinbar abgetaucht sind.
Die im kirchlichen Leben
zurzeit
glänzen
durch Abwesenheit.

Offensichtlich sind sie bei der Stillarbeit.
Und damit in Wahrheit nicht etwa passiv,

abwesend,
sondern womöglich ganz fleißig dabei,
ihr Glauben, Lieben und Hoffen
durchzubuchstabieren.

Und sie fangen vielleicht gerade an,
mit Gott
zu rechnen.

Lichtweise

Oder wie die Gemeinschaft der Gläubigen
Licht der Welt ist,
obwohl es jede Menge Blindgänger gibt.

Mir ist mein Licht
ausgegangen
mitten im Dom
beim Nachtgebet
mit den anderen
ohne Licht.

Da stand ich da,
tappte im Dunkeln
und sah mich nicht mehr,
nur noch die anderen,
und sie leuchteten mir
ein.

Da ist mir ein Licht
aufgegangen
mitten im Dom
beim Nachtgebet
mit ohne Licht,
weil ich
blind vertrauen
und mitgehen konnte

im Heimleuchten
der anderen.

Leuchtgemeinschaft
im Schein der Heiligen
trotz Dunkelziffer
und Schwarzseher.
Wunderbare Sichtvermehrung
augenblicklich
lichterfroh.

Antirücktrittserklärung

Sie wollen jetzt auch zurücktreten?
Stimmt das?
Oder ist es wieder einmal nur ein Gerücht? Wir können
ja ganz offen darüber sprechen.
Rücktritte sind ja anscheinend total in Mode.
Auf Schritt und Tritt
Rücktritt.
Also, ich wundere mich da gar nicht,
wenn Sie auch in Erwägung ziehen
zurückzutreten.
Sie müssen sich da nicht entschuldigen.
Das ist absolut in Ordnung,
beinahe jedenfalls.
Immer noch besser,
als zurückzuschlagen.

Aber im Ernst:
Was sich da bei uns so alles abspielt …
Wirklich wichtige Frauen und Männer
mit großer Verantwortung und Vorbildfunktion
in Politik, Kirche, Sport,
ja in der ganzen Gesellschaft,
tun es reihenweise.
Von der obersten Spitze des Staates angefangen
bis hinunter in alle Etagen.

Ein Rücktritt
tritt den anderen.
Und warum?
Autoritätsverlust, Krisen, Überforderung,
Amtsmüdigkeit,
wegen der umständlichen Umstände,
Überlastung,
übler Nachrede,
weil's nicht mehr anders geht,
weil's sein muss.

Zurücktreten –
das haben wir bisher nur
an der Bahnsteigkante gemacht
und beim Kaufvertrag vielleicht noch gekannt.
Alles andere war weit weg.
So mir nichts, dir nichts
den ganzen Bettel hinschmeißen,
das ist in unserer Vorstellung doch eher die Ausnahme.
Zumal die,
die es wirklich tun sollten,
in der Regel gar nicht daran denken.

Manchmal hat man den Eindruck,
es sind eher die Falschen,
die es tun.
Aber wer weiß das schon.
Fest steht:

Wir alle hätten ab und an
auch schon mal allen Grund gehabt,
es zu tun.
Oder?
Wenn es grad mal wieder
zu bunt geworden war,
zu viel, zu hart,
zu belastend, zu anstrengend.
Wie oft waren wir schon an dem Punkt,
wo es irgendwie
einfach nicht mehr auszuhalten war?
Und – was ist passiert?
Wir – wir sind natürlich nicht
zurückgetreten.
Noch nicht!
Wie auch?
Wenn das mal so einfach wäre.
Einfach zurücktreten
von allen Verpflichtungen,
das scheint eher ein Luxusproblem zu sein,
das kann man nämlich nur
in privilegierter Stellung.
Aber im wirklich wahren Leben,
da geht das nicht so einfach.
In Familie, Beruf, Ausbildung,
da kommt Rücktritt eher nicht infrage.
Wer kann am Montagmorgen aufstehen
beziehungsweise liegen

bleiben
und sagen:
Hallo, ich trete hiermit von meiner Aufgabe,
in die Schule zu gehen, feierlich zurück?
Und zwar mit sofortiger Wirkung?
Schön wär's …
Von wegen: Haltet die Welt an,
ich will aussteigen!
Es gibt einfach Ämter und Aufgaben,
die wird man nicht los:
Vater sein,
Mutter sein,
Kind sein,
selbst wenn man schon groß ist,
Ernährer sein,
zuständig sein,
Verantwortung haben.
Es gibt Lebensumstände,
von denen kann man nicht zurücktreten.

Übrigens:
Jesus selbst
hat auch einmal
so eine Rücktrittserfahrung gemacht.
Er hatte sozusagen fortlaufenden Erfolg.
Die Menschen sind ihm fortgelaufen.
Zuneigung und Verbundenheit haben nachgelassen.
Da ist er wohl ziemlich erschrocken

und hat seine Leute zusammengerufen,
also die Freundinnen und Freunde,
die noch da waren,
und hat gefragt:
Wollt ihr auch weggehen?
Da hat sich einer zu Wort gemeldet,
Petrus war's,
und hat eine
Antirücktrittserklärung
abgegeben.
Hat gesagt:
Herr, wohin sollen wir gehen?
Du hast die richtigen Lebensworte für uns,
wir spüren in deiner Nähe Gottes Kraft und Beistand.
Warum also,
um Gottes willen,
sollten wir weggehen
von dir?

Dem Glauben den Vortritt lassen,
das könnte doch ein probates Mittel sein
gegen alle Rücktrittsabsichten
und Fluchtgedanken.
Bei dir, Jesu,
will ich bleiben!

Trauer ist Liebe

Trauer ist ja Liebe.
Nichts anderes.
Nur wer lieb hat,
liebt über den Tod hinaus.
Trauer ist nichts anderes als lieber Kummer.
Trauer ist Liebeskummer.
Menschen, die sich miteinander
vertraut gemacht haben,
trauern, weil sie einander loslassen müssen.

Es sterben immer beide.
Der eine stirbt hinüber in eine andere Welt,
von der wir – vorerst – nicht wissen,
wie sie ist,
und der andere stirbt herüber in seine,
die – vorerst – keine mehr ist.

Mascha Kaléko sagt es in ihrem Gedicht *Memento*
so bleibend eindrucksvoll:
„Vor meinem eigenen Tod ist mir nicht bang,
Nur vor dem Tode derer, die mir nah sind.
Wie soll ich leben, wenn sie nicht mehr da sind?

Allein im Nebel tast ich todentlang
Und laß mich willig in das Dunkel treiben.
Das Gehen schmerzt nicht halb so wie das Bleiben.

Der weiß es wohl, dem gleiches widerfuhr;
– Und die es trugen, mögen mir vergeben.
Bedenkt: den eignen Tod, den stirbt man nur,
Doch mit dem Tod der andern muß man leben."

Trauernde Liebe ist besonders intensive Liebe.
Sie tut so weh,
wie sie wahr ist.
Ihre Unerträglichkeit ist genauso groß,
wie das Wunder der Gemeinschaft es gewesen ist.
Wer also unsäglich leidet an seinem Schmerz,
fühlt genau dem Gefühl entlang,
das sich bewährt hat
und bewahrt werden will.
Darum gebührt der Trauer das höchste Maß
an Achtung,
an Respekt, Diskretion, Achtsamkeit, Wertschätzung.
Wer liebevoll ist und darum trauervoll,
hat einen Anspruch auf allerhöchste Rücksicht
und Vorsicht
und Umsicht
und Nachsicht.

Und weil man es ihm sowieso nicht recht
recht machen kann,
weil es nichts Rechtes mehr gibt vorerst,
sollten alle gut gemeinten hilflosen
und hilfsbereiten Versuche unterbleiben,

Trauernden zu nahe zu treten,
sie zu kommentieren,
ihnen Urteile zuzumuten,
Zeitpläne zu machen,
drängende und bedrängende Erklärungen zu erklären,
Fluchtvorschläge anzupreisen,
Abkürzungen vorzuschlagen,
Ablenkungen aufzuschwätzen.

Trauernde stehen unter besonderem Schutz.
Sie umgibt eine Zone der Unantastbarkeit.
Sie zu überschreiten ist ein Attentat
und wird mit langer Haftung bestraft,
weil das haften bleibt,
lange nicht mehr weggeht.
Davon freizukommen,
ist fast unmöglich.

Trauernde Menschen sind verrückt!
Ihre Welt ist mitsamt ihren Koordinaten
untergegangen.
Und nichts steht mehr an seinem Platz.
Alles rückt woandershin.
Verrückt sein ist also unvermeidlich,
im Sinne von völlig neben der gewohnten
und geübten Spur.
Spurlos verschwunden ist jede Sicherheit,
jedes souveräne „Gewusst wie".

Darum brauchen Trauernde Schutzräume
und Hoheitsgebiete,
brauchen Verschonung und
zugestandene Eigenartigkeit,
bis auf Weiteres nichts Heiteres.

Für sie sind Räume der Behutsamkeit
überlebenswichtige Oasen
für verletzte Seelennot.
Auf dem langen Weg mühseligen Überlebens
sollen trauernde Menschen Kraft sammeln
für die schwere Geburt,
die sie vor sich haben.
Sie sollen nämlich alle
noch einmal
auf die Welt
kommen.
Und das Leben wieder einüben,
ausbalancieren
ohne den anderen.

Möge der gute Geist, der Heilige,
der Tröster des lebendigen Gottes
möglichst viele wieder beatmen
mit neuem Mut,
damit sie sich wieder finden
im Licht der Liebe Gottes.

Am Ende jeden Trauerweges soll
ein Hoffnungsschimmer
sachte
herausführen
in eine ganz vitale, zärtliche Auferstehung
der toten Lebendigen.
Ganz selbstbestimmt,
mit einer starken Schwäche
und einem schweren Mut,
um all das zuzulassen,
was der Trauer zugetraut werden soll.

So soll es schließlich
ein Wieder-auf-die-Welt-Kommen geben
für alle,
deren Weltuntergang alles verändert hat,
sodass nichts mehr ist,
wie es war,
aber alles werden soll,
wie es anders nicht sein könnte.

Und viele Stationen sind zu bewältigen
auf dem Trauerlauf,
beim Zirkeltraining
für hinterbliebene wagemutige Zagegeister.

Irgendwann könnte es dann
– mit Gottes Hilfe –

und der Menschen Menschenfreundlichkeit –
vielleicht
verheißungsvoll
so heißen:

Meine Sehnsucht,
die kostbare,
auskosten.

Meinen Schmerz,
den wertvollen,
umarmen.

Meinen Kummer,
den mühseligen,
versorgen.

Meinen Zorn,
den heiligen,
zulassen.

Meinem Dank,
dem lieben,
Platz machen.

Gotteshaus für Menschenseelen

Die Kirche soll im Dorf bleiben!
Wenn man bei uns quer übers Land fährt,
dann ist das noch immer so:
Kirchtürme ragen von Weitem schon
wie Zeigefinger in den Himmel.
Und sie stehen meist mitten im Dorf.
Selbst wer selten zur Kirche hingeht,
möchte doch, dass sie da bleibt.
Dort wohnt nämlich der Glaube.
Und der Glaube soll nicht obdachlos werden.
Unser Glaube braucht auch ein Dach,
einen Treffpunkt,
nicht nur das stille Kämmerlein.
Glauben ist nicht nur Heimarbeit.
Nicht nur Privatsache.

Glauben kann man auf Dauer nicht ganz für sich
allein.
Gemeinschaft macht unseren Glauben erst stark.
Und Gemeinschaft braucht einen Gemeinschaftsort.
Darum soll die Kirche im Dorf bleiben.
Dort ist sie der Sammelplatz,
die Anlaufstelle,
der Kraftraum für die Seele,
der Treffpunkt alter Bekannter und neuer Bekenntnisse.
Aber auch das Foyer für neugierige Sinnsucher.

In der Kirche finden alle Findelkinder Gottes ein
Obdach.
Sie ist das Trainingslager für Glaube, Liebe
und Hoffnung,
die Deponie für unsere Altlasten,
das Schulungscenter für Vergessliche,
Heimat für Heimwehkranke.
Das alles ist Kirche.

Das Gotteshaus ist der Vorraum
vor der Himmelstür.
Stellen Sie sich vor:
Noch immer kommen an jedem Sonntag
mehr Menschen in die Kirchen
als am Samstag Fans in die Fußballstadien.
Das will doch was heißen.
Und das Gute ist,
im Gotteshaus werden sogar Plätze frei gehalten
für alle,
die im Moment noch durch Abwesenheit glänzen.
Sie werden also erwartet, aber nicht bedrängt.
Und egal, wie lange es auch dauert,
ihr Heimat- und Platzrecht geht nicht verloren.
Wenn die Kirche im Dorf bleibt,
dann bleibt sie das vor allem auch für die,
die vorerst noch auf der Suche sind.
Und alle, die sich jetzt schon dort treffen,
sind aufgerufen,

offen zu bleiben für die, die noch kommen.
Zusammen sollen alle Freude haben an jenem Haus,
„da Gottes Ehre wohnt".
Wie steht es so schön in der Bibel?
„Herr, ich habe lieb die Stätte deines Hauses!"

Wir brauchen nicht nur Häuser zum Wohnen,
wir brauchen auch Häuser für unseren Glauben.
Das Gotteshaus soll im Dorf bleiben
oder in unserer Mitte.
Wenn wir es betreten,
dann treten wir ein in die Gemeinschaft
unserer Väter und Mütter.
Wir stimmen ein in ihr banges Beten,
frohes Hoffen,
tiefes Danken,
ängstliches Sehnen,
wir sprechen das alte Vaterunser
und teilen Brot und Wein.

Und wenn es demnächst mal
früh bimmelt
in Ihrer Nähe,
machen Sie doch mal
ein Probesitzen
in Ihrem Gotteshaus.

Neuste Fußballregel

Kennen Sie schon die neuste Fußballregel?
Sie wurde für die WM in Südafrika erfunden.
Funktioniert hat sie aber nicht.
Gott sei Dank!
Was Abseits bedeutet oder Elfmeter,
was ein Freistoß ist
oder meinetwegen ein taktisches Foul –
das alles wissen wir mehr oder weniger genau.
Aber diese neue Regel,
die vom Weltfußballverband, der FIFA, erlassen wurde,
die ist doch unerklärlich.
Ungefähr so schleierhaft
wie das Jubelverbot mit nacktem Oberkörper.
Es ist nämlich verboten zu beten.
Ja, es ist wahr!
Die Spieler sind angehalten, auf religiöse Zeichen
auf dem Platz zu verzichten.
Das hatte in der letzten Zeit offenbar
zu starke Formen angenommen.

Wissen Sie noch?
Bei der WM 2002 zum Beispiel hatte Kaka
ein T-Shirt mit der Aufschrift:
I belong to Jesus!, Ich gehöre zu Jesus
in die Kameras gezeigt.
Und 2009 beim Confed-Cup,

da hatten die Brasilianer nach ihrem Sieg spontan
einen Gebetskreis gebildet
und vor Millionen von Zuschauern
das Vaterunser gesprochen.

Und überhaupt!
Man sieht doch bei jedem Spiel in sich gehende
oder aus sich herausgehende Beter.
Der dänische Fußballpräsident hat eben doch nicht
recht,
wenn er sagt:
Es gibt keinen Platz für Religion im Fußball.
Das Gegenteil ist doch bei jedem Spiel
mit betenden Händen zu greifen.
Oder?
Wenn die Spieler da
mit den kleinen Messdienern an der Hand
ins Stadion einziehen.
Wenn das Ritual beginnt.
Da könnte man doch meinen,
dass jetzt gleich ein Gottesdienst
der besonderen Art anfängt.
Im Grunde ist doch die ganze WM und EM
mit ihrer Liturgie der Fahnen und Trompeten
eine ziemlich religiös anmutende Glaubenssache.
Die global player
sind die global prayer.

Ich bin gespannt,
was die FIFA zukünftig mit Schiedsrichtern
wie dem Brasilianer Carlos Eugenio Simon macht.
Der hat das letzte Vorrundenspiel Deutschlands
gegen Ghana geleitet.
Und als er nach 2 Minuten und 53 Sekunden der
Nachspielzeit
das Spiel abgepfiffen hat,
das hat er sich bekreuzigt.
Und die ganze Welt hat es gesehen.
Und niemand hat protestiert.
Warum auch.
Wir hatten ja schon die ganze Zeit davor
das unbändige Gefühl,
dass da womöglich nur noch beten helfen kann.

Ich habe ja den leisen Verdacht,
dass die neue Fußballregel der FIFA
einfach deshalb ein Missverständnis ist,
weil der Weltfußballverband vergessen hat,
dass es tatsächlich noch eine Instanz gibt,
die – auch wenn's denen schwerfällt zu glauben –
tatsächlich über dem Verband steht.

Und um alle daran zu erinnern,
dass wir einen Gott haben,
dazu ist doch der Fußball ein wunderbares Medium.

Also, ich bin mir sicher,
die neue Regel wird nicht funktionieren.
Es wird auch weiterhin gebetet beim Fußball.
Ja, wo denn sonst?

Und sollte es irgendwann einmal
dafür sogar einen Elfmeter
oder eine rote Karte geben,
dann ist das regelrecht
die beste Werbung für den lieben Gott,
die man sich nur denken kann.
In diesem Sinne:
Lasset uns beten!

Mission als Motor der Kirche

Nur wenn die Kirche taktvoll missionarisch ist,
tickt sie richtig,
kann sie intakt bleiben,
ihren Rhythmus finden,
die notwendigen Schrittfolgen einüben.
So was nennt man Taktik.

Wir lernen von der Technik:
Wir müssen das Rad nicht erfinden.
Wir dürfen aber den guten Rat annehmen.
Der Otto-Motor zum Beispiel
funktioniert seit hundert Jahren
als Viertakter.

Und zwar so:
1. Anziehen
2. Verdichten
3. Zünden
4. Bewegen

An dieser Schrittfolge kann und muss sich
kirchliches Handeln
zukünftig orientieren, wenn der Wagen ins Rollen
kommen soll.

Anziehend wirken:
Anstatt zu bedrängen, zu belagern, zu beschimpfen,
zu belächeln,
zu verurteilen, zu vergessen, auszuschließen.

Verdichten:
Konzentrieren, mit Substanz und Ideen arbeiten,
auf den Punkt bringen,
profilieren, nicht vermengen, vermischen, verteilen,
nicht in Belanglosigkeiten verlieren.

Zünden:
Inspirieren, irritieren, informieren, initiieren,
imponieren,
instruieren, interessieren,
mit Geistesblitz
und Begeisterung entfachenden Impulsen,
zündenden Funken Hoffnung,
damit viele Feuer und Flamme werden.

Bewegen:
Etwas draus machen,
umsetzen, damit was draus wird,
sichtbare Konsequenzen daraus ziehen,
aus der Starre in die Veränderung auferstehen.

Griesgram-Gremium

Es ist Mittwochabend
kurz vor 20 Uhr.
Im Gemeindehaus brennt Licht.
Die altehrwürdigen Tische und Stühle stehen
im Hufeisen.
Der Tischschmuck ist
von betörender Schlichtheit.
Die Verpflegung auch.
Die Leute kommen trotzdem.
Sie sind mit wenig zufrieden.
Schließlich sind sie schon länger dabei.
Und das macht bescheiden.
Sie setzen sich
auf ihren Stammplatz.
Das gibt Sicherheit.
Gesangbücher liegen da.
Einer begrüßt,
wie er es immer tut,
oder ist es eine Sie – egal,
jedenfalls wie immer.
Andächtige Andacht,
Psalm,
Lied,
Gebet.
Lied.

Es ist 20.17 Uhr,
Mittwochabend.
Im Gemeindehaus brennt Licht
und er kommt
wieder mal
zu spät,
wie immer.
Das zelebriert er jetzt schon fünf Jahre so
zwecks Demonstration seiner Bedeutsamkeit.
Wer ein bedeutender Mensch ist,
muss einfach immer
ein bisschen
zu spät kommen.
Nur Nobodys und Faulenzer
kommen pünktlich,
weil sie sonst nichts zu tun haben.
Geräuschvoll
und um Aufmerksamkeit bettelnd nimmt er Platz.
Bitte um Entschuldigung,
aber ihr wisst ja …
Alle wissen.

Was jetzt kommt,
das ist neben der Schöpfungsordnung
das Unumstößlichste aller Dinge
und Undinge:
die Tagesordnung nämlich.
Und sie schreibt heute dreizehn Punkte vor.

Vorneweg der Haushaltsplan.
Wir haben weniger Geld,
weniger Steuern,
weniger Leute,
die noch leben
und bereit sind,
für uns einzutreten.
Einnahmen, Ausgaben.
Die Gebäudeinstandhaltungsrücklagen
fressen alles Geld auf.

Böser Zwischenruf.
Wir haben doch schon immer
nur über Gebäude gesprochen!
Ohne Folgen.

Der Vorsitzende fährt fort
in der Präsentation der einzelnen Positionen.
Rätselhaft und verklausuliert
wie immer.
Ein Papier,
das nur für Eingeweihte zu entschlüsseln ist.
Aber Hauptsache,
einer ist unter uns,
der uns verrät,
was gemeint ist.

Um sich möglichst schnell
von diesem unliebsamen Rätsel zu befreien,
wird einstimmig beschlossen,
was eh schon beschlossen ist.
Es ist noch immer gut gegangen,
warum diesmal nicht?

Kommen wir
zur anstehenden Kirchenrenovierung.
Angebote für die Sanierung des feuchten Gemäuers
liegen vor.
Sie sind gigantisch hoch.
Architektenvertrag,
Termine mit der Bauabteilung,
Finanzierungsplan,
Spendenaktion in der Gemeinde, Sponsorensuche.
Fundraising heißt das Zauberwort.
Einer sagt süffisant:
Seit wir kein Geld mehr haben,
gibt es sich viel leichter aus!
Es wird heftig gestritten.
Bis 21.30 Uhr.
Und weil's ja weitergehen muss,
bilden wir einen Bauausschuss.

Nächster Punkt:
Abendmahl.
Abendmahl öfter

und sogar mit Kindern.
Die Leute vom Kindergottesdienst haben das
aufgebracht.
Völlig unnötig. Sag ich auch. Genau!
Die Kinder sollen erst einmal
so wie wir damals
ordentlich konfirmiert werden.
Wir mussten auch …
Außerdem ist das Abendmahl
so heilig,
das sollte man
so selten wie nur möglich feiern.
Meine Meinung.
Und weil man nicht mehr weiterweiß,
bildet man einen Arbeitskreis.

Jetzt zum Gemeindefest.
Wer ist da?
Wer kann helfen?
Immer sind es diesselben,
die da sind,
und dieselben,
die nicht da sind.
Immer dieselben.
Aber große Reden schwingen,
wenn die Arbeit getan ist.
Von wegen Termine, Termine …

Jetzt die geplante Klausur.
Was soll das nur?
Meinetwegen:
Bilanz und Prognose.
Wer fährt mit?
Wer nicht?
Es sind immer dieselben,
die mitfahren,
und dieselben,
die nicht.
Dabei hätten es die vor allem nötig.
Eine Liste geht rum.

Es ist 22 Uhr vorbei.
Im Gemeindehaus brennt noch Licht.
Aber nicht am Ende des Tunnels.
Denn jetzt steht auf dem Programm:
Wahlen.
Kirchenvorstand.
Presbyterium.
Nennen Sie es, wie Sie wollen.
Es bleibt ein Dilemma.
Wie können wir neue Kandidaten gewinnen?

Wieso das denn?
Wir sind doch genug.
Also anders gefragt:
Wer macht weiter?

Wer will aufhören?
Einer tut nur so,
als würde er aufhören,
damit endlich mal jemand merkt,
dass er auch da ist.

Menschenskind.
Unter den Neuzugezogenen sind ein paar
ganz patente Leute,
da könnte man doch einmal fragen.
Manche kommen sogar regelmäßig zum Gottesdienst.

Was? Kommt überhaupt nicht infrage.
Erstens sind die nicht von hier,
zweitens sind die nicht wie wir,
drittens sind die von woanders
und darüber hinaus
kennen die sich gar nicht aus.

Und die eine Frau
von dem Mann,
wie heißen die noch,
weiß nicht,
wie die heißen,
jedenfalls ist die sogar
aus der Kirche ausgetreten
oder was noch schlimmer ist,
wenn's stimmt,

katholisch …
Man beschließt,
entschlossen zurückhaltend zu sein.
Am besten, wir bleiben unter uns.

Jetzt endlich zum Besuchsdienst.
Ja, es geht halt wieder einmal um die Frage,
ob unser Pfarrer
nicht doch besser
selber zu den Geburtstagskindern gehen sollte.
Die Menschen erwarten das einfach.
Und das zu Recht!
Oder?
Stimmt doch!
Einmal im Jahr
soll der Pfarrer zu ihnen kommen.
Schließlich kommen sie ja auch
mindestens
einmal im Jahr
zu ihm.

Bitteschön.
Immerzu müssen wir erklären,
warum wir nicht der Pfarrer sind.
Überlastung,
Amtsverständnis,
zu viel Kaffee und Kuchen
bei all den Besuchen,

hin und her.
Es ist 22.30 Uhr.
Mittwochabend.
Im Gemeindehaus brennt noch Licht.
Es kommt zum großen Finale.
Für alle.

Punkt Verschiedenes.
Wer geglaubt hat,
jetzt wäre das Schlimmste vorbei,
hat sich schlimm geirrt.
Denn jetzt sagen die was,
die bis jetzt noch nichts gesagt haben,
und zwar das,
was sie schon immer einmal
sagen wollten:

Dass die Konfirmanden öfter in die Kirche gehen
müssten.
Dass die Konfirmanden am besten gar nicht mehr
kommen sollten,
weil sie so unruhig sind.
Dass die Konfirmanden keinen Anstand haben
und zu wenig auswendig lernen.
Dass die Konfirmandeneltern kaum zu sehen sind.
Dass die Eltern von den Konfirmandeneltern auch
nicht kommen.

Dass wieder bei jemandem vergessen wurde,
einen Dankesbesuch zu machen.

Meiers hätten doch schon vor Monaten
ihre ausgemusterte Heimorgel der Kinder
ungefragt der Kirchengemeinde gespendet.
Die hätten das Ding besser zum Sperrmüll gestellt,
wir lösen doch nicht alle Entsorgungsprobleme!
Von wegen:
Alle eure Sorge werft auf ihn …
Wer sind wir denn!
Jetzt aber bitte nicht so gottlos werden, ja!

Wann wird denn endlich auch
unser schönes Kirchlein abends angestrahlt?
Das habe ich jetzt wieder im Urlaub gesehen,
das ist einfach wunderschön …
So ein Unsinn!
Energieverschwendung!

Am Sonntagmorgen ist wieder Fußballturnier,
hier.
Beginn 10 Uhr,
wenn der Gottesdienst beginnt.
Sollen wir da was sagen?
Wer sagt das?
Sagenhaft!
Da haben wir schon lange nichts mehr zu sagen.

Im Gemeindebrief
war wieder ein Fehler
in der Geburtstagsliste.
Der Herr Müller
ist schon lange tot.
Das kann man doch nicht machen!

Ich finde,
wir sollten endlich mal
im Gottesdienst klatschen,
wenn uns was gefällt.
Wie, gefällt Ihnen was?
Das würde Ihnen so gefallen!
Was fällt Ihnen ein?

Mir geht es hier einfach zu wenig
um Glaubensfragen.
Immer beraten und beschließen wir
tausend Dinge.
Aber die entscheidenden Fragen
nach unserem persönlichen Heil,
die kommen gar nicht vor.
Nicht vor zehn, jedenfalls.

Sagenhafte 22.43 Uhr.
Komm, Herr, segne uns,
dass wir uns jetzt trennen!
Der Mond ist auch schon aufgegangen.

Eine Strophe noch.

Mittwochabend.
Die Champions League ist längst vorbei.
Zu spät,
um noch ein bisschen
zusammenzusitzen zu Hause.

Morgen früh,
wenn Gott will,
werd ich wieder geweckt.
Um sechs,
um es genau zu sagen.

Gute Nacht zusammen!

Der Letzte macht das Licht aus.
Im Gemeindehaus.

Haushaltsplan

Nach menschlichem Ermessen
ist vorläufig alles rückläufig
und deshalb zwangsläufig
nicht mit einem reichen Reich Gottes
auf Erden zu rechnen.

Nach dem letzten
so bestürzenden Kassensturz
hat sich ergeben,
dass in der Tat nur noch
fünf Brote
und bestenfalls
zwei sehr kleine Fische
da sind.
Mehr ist nicht drin …

Die Rechenschieber auf der langen Kirchenbank
sind am Ende zahllos ratlos.
Wir stehen mit der Rücklage zur Wand.
Wann hat es das jemals gegeben,
dass wir so arm dran waren?
Das muss bei der Speisung
der Fünftausend gewesen sein.
Leider waren wir
und die anderen Finanzexperten nicht dabei,
weil wir eine wichtige Haushaltsberatung hatten.

Somit fehlt uns womöglich
diese atemberaubende Erfahrung,
wie viel um Gottes willen
vom Zuwenig ausreicht
für einigermaßen Unermessliches.
Das Wunder steht in der Bibel.
Das Gegenteil steht uns im Gesicht.

Uns rauchen die Köpfe.
Aber uns brennt nicht das Herz.
Die verheißungsvolle Aussicht
über die Aussichtslosigkeit hinaus
lässt uns kalt.
Wir rechnen mit allem,
nur nicht damit,
dass unsere Mangelhaft
uns frei werden lässt.

Trotzdem kalkuliere ich
haushaltstechnisch
wunderbar vermessen
mit Plan B,
langfristig unbefristet,
die volle Fülle
von mindestens zwölf Körben
ein.
So jedenfalls
die biblische Glanzbilanz.

Unterm Strich
bleibt uns
nichts anderes übrig,
als die Rechnung
nicht ohne den Wirt zu machen.
Ausgerechnet
jetzt
oder
nie.

Glaube kann
auch Schuldenberge
versetzen.
Was zählt,
ist nicht zu beziffern.
Unberechenbar
ist Gottes Haushalten
garantiert.
Viel geht ab von dem Wenigen.
Lasst euch nicht länger faszinieren
vom fetten Defizit.
Greift in die leeren Taschen
und findet heraus,
worauf es jetzt ankommt.
Gewinnt neue Zuversicht auf der Habenseite
des trotzköpfigen Glaubens.
Nehmt alles an –
vor allem das Unangenehme

und:
Gebt ihr ihnen zu essen!,
wie Jesus jetzt wohl sagen würde.
Was so viel heißt wie:
Teilt euren Mangel
verschwenderisch aus!

Hingabe heißt unsere Aufgabe
und das hat nichts mit Aufgeben zu tun.
Das ist nicht mehr
und nicht weniger
als der realistische Glaube
an das Wunderbare.

Und damit sollten wir rechnen.

Anhang

Bibeltexte, auf die in den Texten Bezug genommen
wird:

Schutzengel für Engel: Psalm 91,11-13
Das größte Dach der Welt: Lukas 15,11-24
Raumplanung: Hebräer 13,14; Psalm 23,6
Handlanger: 1. Mose 2,15
Mauerfall: Psalm 18,30
Etwas wächst immer!: Matthäus 13,3-8
Gleiche Chancen für alle: 2. Korinther 5,10
Begrenzt zuständig: Lukas 10,30-35
Simplify your life: 1. Mose 3
Personalfindung: 2. Mose 3-4
Beten und Atmen: 1. Mose 2,7
Waschzwang: Matthäus 27,15-26
Um was es sich dreht: Apostelgeschichte 2,1-11;
   Römer 8,14
Gefährdung im Ehrenamt: 2. Mose 18,13-23
Heiliger Zorn und gute Güte: Lukas 1,46-55;
   2. Mose 3,1-5; Lukas 2,10
Ausgetragen: Lukas 2
Weiterlernen: 5. Mose 5,28; Jesus Sirach 51
Tragende Rollen: Markus 2,1-12
Essen auf Rädern: Apostelgeschichte 6,1-7
Zeitweise: Psalm 90,10
Wetterkarte: 1. Mose 8,21-22

Menschenskinder: Matthäus 18,3-5; 19,13-15
Stichtage: Matthäus 27,46
Werktage: Psalm 90,10
Judas und die Finanzkrise: Matthäus 26,14-16; 25,40
Weltuntergang: Matthäus 24,8.13
Erfolgsprinzipien: 1. Mose 6,5-9,17
Immer wieder sonntags …: 1. Mose 2,1-3
Antirücktrittserklärung: Johannes 6,66-69
Gotteshaus für Menschenseelen: Psalm 26,8
Griesgram-Gremium: 2. Petrus 5,7
Haushaltsplan: Matthäus 14,15-21

Vom selben Autor

Erst eilig, dann heilig

Heiter-Nachdenkliches für die
Advents- und Weihnachtszeit

96 Seiten, Taschenbuch
ISBN 978-3-7655-3875-9

„Eigentlich wollten wir in diesem Jahr einmal Weihnachten ausfallen lassen. Wir standen schon in ganz konkreten Verhandlungen, beinahe waren wir uns einig – zumindest darin, dass es diesmal einfach zu plötzlich kommt, zu unpassend auch, und dass es irgendwie last minute lästig ist ..."

Ludwig Burgdörfer hat die Gabe, in Bildern, die Menschen heute verstehen, vom Glauben zu reden. Mit Humor und Tiefgang, Leichtigkeit und Menschenliebe und in der Sprache unserer Zeit erzählt er, was es bedeutet, dass Gott auf die Erde kommt.

BRUNNEN VERLAG GIESSEN
www.brunnen-verlag.de

Vom selben Autor

Himmelfahrt für Aufsteiger

Heiter-nachdenklich
durchs Kirchenjahr

192 Seiten, Taschenbuch
ISBN 978-3-7655-4209-1

Unterhaltsam-inspirierende Texte zum Kirchenjahr,
geeignet zum Lesen und Vorlesen. Ob es nun Ostern
unter der Überschrift „Vom Ende der Steinzeit" ist,
Himmelfahrt als Tag für Aufsteiger, Epiphanias als
„Sternstunde" oder ob er einen „Knigge für Heiligabend"
schreibt – mit seinen ungewohnten Blickwinkeln öffnet
Ludwig Burgdörfer einen erfrischenden Blick auf Feste
und besondere Tage der Christenheit.

BRUNNEN VERLAG GIESSEN
www.brunnen-verlag.de

Vom selben Autor

Bete sich, wer kann

Heiter-Nachdenkliches
über Gott und die Welt

96 Seiten, Taschenbuch
ISBN 978-3-7655-4279-4

Vom fürsorglichen Geheimdienst, dank dessen
Abhöraktionen wir endlich nicht mehr allein sind. Von
der nationalen Glücksquote, lebensrettenden Pausen
und den Folgen des speziellen Mindestlohns, den Jesus
eingeführt hat ... Unterhaltsam und humorvoll verbindet
der beliebte Autor Ludwig Burgdörfer ungewöhnliche
Alltagserfahrungen mit Lebens- und Glaubensweisheit.
Ein wahres Lesevergnügen!

BRUNNEN VERLAG GIESSEN
www.brunnen-verlag.de

Hinrich C. G. Westphal

Heiter bis heilig

80 Seiten, Taschenbuch
ISBN 978-3-7655-4257-2

Humor ist ein besonderes Geschenk des Himmels:
Witze und Anekdoten über Gott und die Welt, über
Bischöfe, arme Sünder und ganz normale Christen,
über menschliche Schwächen, heitere Denkzettel und
göttliche Geistesblitze …
   Ein großartiges Lesevergnügen. Mit Karrikaturen von
Johannes Töws.

BRUNNEN VERLAG GIESSEN
www.brunnen-verlag.de

Hat Ihnen dieses Buch gefallen?
Schreiben Sie's uns auf www.brunnen-verlag.de
Ihre Meinung zählt!